역경 속에서 학문을 꽃 피운

정약용 리더십

전도근 지음

불평하지 마라
Do not complain

BOOK STAR

머리말

　인류 역사의 발전을 먼 안목에서 보면 수많은 갈림길로 이루어져 있다. 그 갈림길에는 누군가가 새로운 길을 제시하고 우리를 이끌었기에 오늘날의 발전이 생긴 것이다. 이처럼 시대를 고뇌하고 미래를 꿈꾼 사람들을 우리는 역사의 주인공이라고 부른다. 이 주인공들 중 우리는 유별난 주인공을 만날 수 있다. 그가 바로 다산 정약용이다. 다산은 한마디로 표현하기 어려운 사람이었고, 그의 삶 또한 평범한 삶이 아니었다.

　평범한 양반 집안에서 태어난 다산은 18세기 조선 실학을 대표하는 인물이 되었다. 사람들은 태어나서 한 가지도 제대로 완성하지 못하고 사는데 다산은 살면서 수도 없이 많은 분야의 일을 실천해 내었다. 원래는 성리학을 공부하는 유학자이었지만 그는 유학자로 멈추지 않고 경학자, 예학자, 행정가, 교육학자, 사학자, 인문학자, 토목공학자, 기계공학자, 실학자, 지리학자, 의학자, 법학자, 문예비평가의 역할을 수행하였다.

이처럼 다양한 역할을 수행한 다산 정약용은 우리 역사의 문턱에 서서 시대를 고뇌한 대표적인 지식인이었다. 그는 조선이 세상의 극심한 변화의 조짐을 보이던 시절에 새로운 조선을 꿈꾸었으며, 현실적 좌절과 학문적 성취를 동시에 남겼다. 다산은 사회의 변화에 조선을 적응시키기 위하여 조선의 개혁을 꿈꾸었으나 현실은 너무 가혹하였다.

다산은 지식에 호기심이 많아 많은 공부를 하였다. 그는 주자학, 양명학, 북학, 서학 등의 해박한 지식을 바탕으로 세상의 흐름을 읽었다. 이미 근대화의 길로 도도히 흐르는 변화의 물결을 알게 되었다. 그의 저서는 오늘날까지 남아 많은 사람들의 삶의 지표가 되고 있으며, 시대를 뛰어넘는 선각자적인 혜안을 가지고 있음을 느끼게 한다.

이 책은 다산의 삶과 작품을 통해서 우리에게 알려주고 싶은 변화에 대응하는 방법을 알려주는 책이다. 부디 독자 여러분들은 이 책을 통해서 다산의 깊은 인생을 공유하며 미래를 바로 볼 수 있는 혜안을 갖기 바란다. 이 책이 이 시대를 짊어지고 갈 청소년에게 도움이 되기를 기대해 본다.

저자 드림

I. 창의력을 길러라 / 13

II. 공부해야 한다 / 53

III. 미래를 예측하라 / 103

Ⅳ. 인내하라 / 135

V. 성공해야 한다 / 175

VI. 리더십을 가져라 / 209

01

창의력을 길러라

창의력을 길러라

　레오나르도 다빈치는 현대의 우리가 꿈꾸는 이상적인 인재상에 가깝다.

　레오나르도 다빈치는 알 듯 모를 듯한 미소를 머금은 '모나리자'를 그린 화가였으며, 현대의 헬리콥터나 기관총, 탱크의 원형을 디자인하기도 했다.

　화가이자 조각가이고, 과학자이자 발명가였던 레오나르도 다빈치. 그의 예술성과 창의력은 그가 살던 500여 년 전 이탈리아보다 오늘을 사는 우리에게 더 필요하기에 그의 업적은 현대 과학에서도 주목받고 있다.

　과학과 예술은 '창의력'이라는 필수영양분을 먹고 자란다. 창의력이란 기존에 없던 무언가를 새롭고 독특한 것으로 만들어내는 능력을 말한다.

　창의성 없는 과학자는 훌륭한 연구를 해낼 수 없고 창의력 없는 예술가는 불후의 명작을 남기지 못한다.

　그렇기 때문에 우리는 창조적인 인재를 키워내고, 창의력이 존중되는 사회적 분위기를 만들어 가기 위해 노력하고 있다.

정약용이 성공으로 이른 원인 중 가장 중요한 것은 정약용이 가진 창의력이라 할 수 있다. 정약용이 창의력을 가지게 된 것은 정약용이 가진 학습 능력 때문이다.

많은 사람들은 모르는 것이 있으면 배워서 해결하려고 하지만 정약용은 스스로 학습을 해서 지식을 쌓아가고, 지혜로 만들어 나갔다.

정약용은 호기심이 생기거나 궁금한 일이 생기면 우선 관련된 자료나 정보들을 찾기 시작하였다. 그래서 자신이 수집한 정보를 바탕으로, 그 정보들을 분리하고 재통합하여 하나의 지식을 만들었다.

다산 정약용은 다양한 분야의 경계를 넘나드는 창의성을 가진 인물이었다.

현재 북극에 설치돼 있는 우리나라 극지 연구소의 명칭이 그의 호를 딴 '북극 다산기지'로 명명된 것도 그의 과학적 능력과 업적을 인정했기 때문이다.

01 실학을 바탕으로
창의력을 발휘하다

실학實學은 조선 후기에 양반 계급의 학문이던 성리학이 백성들의 삶에는 전혀 도움이 되지 않는 한계성에서 나온 것으로, 백성들의 실생활에 도움이 되는 학문을 말한다.

실학은 원래 청나라 지배를 받던 한족들이 자신들의 존재감을 느끼기 위해 주장한 학문이다. 실학이 우리나라에 유래된 것은 17세기 후반이며, 19세기 들어와서는 사회 전반에 걸쳐 광범위하게 진행되었다.

조선이 오랑캐라 배척하던 청나라에게서도 배울 것은 배우자는 취지에서 청나라의 문물을 적극 수용하는 과정에서 실학이 도입되었다. 실학에서 다루는 주 내용은 다음과 같다.

- 부국강병 : 나라를 부유하게 만들고 군대를 강하게 함
- 실사구시 : 사실에 토대를 두어 진리를 탐구하려는 태도
- 이용후생 : 실제 쓰임에 이롭고, 백성들의 삶을 풍족하게
  하는 데에 도움이 되어야 함

실학파를 다른 말로는 이용후생학파 또는 북학파라고도 부르며, 이들은 조선 후기의 어려운 현실을 개혁하려는 노력을 하였다. 특히 18세기 후반 영조·정조 시대에는 상공업의 발전과 기술 혁신을 주장하는 실학자들이 많이 나타났다.

우리나라에서 실학을 가장 먼저 주창한 사람은 반계 유형원으로 《반계수록》을 지었으며, 그를 계승한 성호 이익은 《성호사설》을 지어 조선 사회의 현실적인 문제들을 날카롭게 비판하고, 새로운 개혁을 제안하였으며, 그들의 미래에 대한 이상과 꿈을 제안하였다.

이들의 영양을 받아 정약용·박지원·박제가·홍대용 등의 학자가 동시에 일어나 실용적인 학문을 주장하였다. 정약용은 특히 유형원, 이익의 실학 사상에 영향을 받아 실학을 계승, 집대성하였다. 실학자들은 당시의 통치제도·신분제도·상공업·과학기술·지방제도·과거제도·학제學制·병제兵制·관제 등 정치·경제·사회 각

분야의 제도를 개선하여 임진왜란·병자호란으로 인한 절박한 민생 문제와 사회 문제를 해결하는 데 목표를 두고 활동하였다.

실학자들은 지금까지의 주자학朱子學의 관념적 세계에서 벗어나 온갖 민생 문제와 사회 문제를 실질적인 방법으로서 해결하여 다같이 행복한 생활을 하자는 데 목적을 두었다. 결국 실학이 백성에게 쓸모 있는 유용한 학문으로서 자리를 잡으면서 조선의 문화가 발달하게 된 것이다.

정약용에게 있어 실학은 더욱 의미가 있었다. 정조의 총애를 받고 정조 옆에서 자신이 공부한 것들을 펼칠 수 있는 기회를 준 것이다. 정약용은 강진에 유배를 가서도 세상에 도움이 되는 것을 남기기 위해 책을 읽고 글을 썼다.

정약용은 자신이 쓴 책으로 인해서 조선의 젊은이들을 변화하고 세상을 변화시키려고 노력하였다.

정약용이 남긴 책을 보면, 현실의 개혁을 위해서 관리들의 올바른 마음가짐 및 몸가짐에 대해 기록한 《목민심서》, 국정國政에 관한 일체의 제도 법규의 개혁에 대해 논한 《경세유표》, 과학적 수사를 하는데 도움을 받을 수 있는 실무 지침서인 《흠흠신서欽欽新書》등을 편찬하였으며, 한반도 북부 지방 하천의 변화하는 과정을 기록한 《조선수경朝鮮水經》, 우리나라 영토의 역사를 각종 문헌에서 기록을 뽑아 기록한 《아방강역고》 등을 지었으며, 의학 및 생물학 분야에서는 마진홍역에 대한 연구를 진전시키고 이 분야의 의서를 종합하여 《마과회통》을 지었다.

정약용은 지금까지의 이론 위주의 성리학을 과감하게 실용적으로 백성들에게 편하게 살 수 있게 해주는 것이 학문의 목표라고 생각했다. 그래서 정약용의 저서들이 다른 책들보다 경쟁력을 갖는 것이 바로 이처럼 실용적이며, 가치 있으며, 독특했기 때문이라고 할 수 있겠다.

정약용으로 인해 크게 발전했던 실학은 19세기 후반에 근대화를 꾀하려는 개화시상으로 이어졌다.

정약용에게 있어서 실학은 백성과 대화의 방법으로 삼은 것이다. 강진에서 유배생활을 하면서 실제로는 만나기는 어렵지만 책을 통해서 백성과 대화를 하고 싶었던 것이다. 따라서 정약용은 자신이 공부한 것을 백성에게 가치 있고, 필요한 지식으로 환원시키기 위해 노력했다. 결국 정약용의 창의력은 바로 실학사상을 바탕으로 두고 유용한 것을 찾다 보니 나온 것이다.

그는 이러한 꿈을 그의 저서를 통해서 표현하였고, 이러한 목표 의식으로 인해 그는 후세 사람들의 마음에 이름을 남기게 되었다.

02 배려하는 마음이 창의성을 만들다

정약용은 살면서 어렵게 사는 백성들을 이해하고 백성들의 아픔을 자신의 아픔으로 생각한 사람이다. 백성을 배려하는 마음이 그 어느 누구보다도 대단하였다. 그랬기 때문에 백성의 삶을 편하게 하기 위한 방법들을 연구하다 보니 남들보다 새로운 생각을 할 수 있는 창의력을 가지게 되었다.

실제로 정약용의 백성에 대한 관심과 배려하는 마음을 느낄 수 있는 사례가 두 가지 있다.

정약용의 집에 세 들어 사는 천만호라는 사람이 있었다. 천만호는 하루하루의 끼니를 걱정할 만큼 사는 것이 어려웠다.

정약용은 같이 사는 천만호가 하루 끼니조차 해결하지 못하는 것을 매우 안타까워했다. 그래서 며칠 동안 생각하며 천만호가 돈을 벌 수 있는 방법을 연구하였다. 정약용은 천만호를 위하여 공부를 뒷전으로 두고 몇 달 동안의 노력 끝에 솜 타는 기계를 완성하였다. 결국, 천만호는 솜 타는 기계로 돈을 벌게 되었고, 고마움을 표시하기 위해서 정약용을 찾았다.

"소인이 돈을 버는 것은 다 서방님 덕분입니다요."

"다만 얼마 되지 않지만 서방님께서 알아 써주십시오."라면서 돈을 주었다.

그러나 정약용은 자신은 그저 작은 도움을 주었을 뿐이며, 자기와는 무관하다고 말하면서 거절하였다.

정약용이 정조의 명을 받고 경기 암행어사로 길을 가다가 산적을 만난 적이 있다. 정약용은 도망을 가도 되었지만, 도대체 산적으로 사는 백성들이 어떠한 삶을 살고 있는지 궁금하였다. 그래서 산적을 따라 그들의 소굴까지 가게 되었다.

일반적인 사람들 같으면 무서워서 도망을 갔을 텐데 정약용은 백성들의 삶에 대한 관심을 가지고 어떻게 하면 백성들이 편한 생활을 할 수 있을까를 고민한 것이다.

우리는 이 두 사례를 통해서 정약용에게서 배울 것이 세 가지가 있다.

첫째는, 정약용은 백성을 위하는 마음이 너무 따뜻했다는 것이다. 자신은 양반으로서 어느 정도의 삶을 유지할 수 있었지만, 대다수 백성의 삶이 가난하고 어려운 사람이 많았다. 그런 백성을 보면 쉽게 넘어가는 법이 없이 무엇인가를 도와주려는 마음을 가지고 있었다. 정약용은 자신에게 주어진 권력에 안주하는 다른 관리들과는 달랐다. 그토록 왕의 신임과 총애를 누리면서도 권력을 이용할 생각보다는 항상 백성 편에 서서 판단하는 마음으로 정치를 하였다.

둘째는, 정약용은 자신이 공부하던 경학이나 유학이 아닌 어렵게 사는 백성을 위하여 먹고 살 수 있도록 실천하였고 결실을 보았다는 것이다. 일반적으로 공부하는 사람은 학문적으로 모든 것을 해결하려고 하여 실천적이지 못하지만, 정약용은 공부한 것을 바탕으로 실천적으로 사용하려 하였다. 이것은 정약용이 기존의 학자들이 가지고 있는 고정 관념을 깨고 새로운 생각을 할 수 있는 창의성을 가지고 있었기 때문에 가능한 것이었다.

셋째는, 정약용은 일생을 살면서 본인이 부당하다고 생각하는 일에는 절대 물러서는 법이 없었으며, 조그만 감사의 표현도 거절하였다는 것이다. 이러한 강직한 삶은 청렴한 관리가 될 수 있는 기본이 되었으며, 정조의 총애를 받기에 충분하였다. 그러나 너무 깨끗한 것은 주변 사람들에게 시기와 질투를 가져와 불리한 상황으로도 돌아왔지만 정약용은 결코 굽히지 않았다. 결국, 정약용은 당파 싸움의 소용돌이 속에서 오직 천주교를 믿었다는 죄목 밖에는 누명을 씌우지 못했기 때문에 목숨을 부지할 수 있었던 것이다. 이러한 청렴결백한 정신과 실천은 정약용을 존경할 수밖에 없는 상황으로 만들었다.

정약용이 그토록 창의적일 수밖에 없던 이유는 백성 한 사람 한 사람을 사랑하고, 그들의 삶을 직접 체험하고 경험하였던 결과이다. 천만호나 산적들의 삶을 이해하고 체험하려 하였듯이 모든 백성과 끊임없이 소통하려 했던 정약용의 노력과 정성에 창의적인 발상은 생활 그 자체가 되었던 것이다.

결국, 정약용이 가진 창의성의 근본은 백성을 배려하는 마음에서 시작되었고, 백성에 대한 배려와 애정이 우리의 생활에 실용적인 학문인 실학을 만드는 기본이 된 것이다. 또한, 백성을 사랑하고 청렴결백한 관리가 되어서 자신의 경험을 담은 관리의 교과서와 같은 《목민심서》를 집필하는데 기본이 된 것이다.

03 창의력의 결집체, 화성을 만들다

    수원 화성은 정조가 아버지에 대한 효심을 바탕으로, 당파 정치 근절과 왕도 정치의 실현, 그리고 국방의 요새로 활용하기 위해 쌓은 성이다. 이 성은 과학적이고 합리적이며 실용적인 구조를 갖고 있어, 1997년 유네스코 세계문화유산으로 등재되었다.

    1797년, 정조는 완공된 수원 화성을 보고 이렇게 말했다.

    "참으로 아름답고 장대하다. 다만 사치스러워 보일까 두렵다. 미려한 아름다움은 적에게 위엄을 보여준다."

    수원은 정조의 아버지인 사도세자의 죽음 이후 그의 정치적 이상을 완성하기 위하여 만들어진 계획 도시다.

    사도세자는 영조의 둘째 왕자로 정조의 아버지이다. 세자로 정해졌으나 당쟁에 휘말려 왕위에 오르지 못하고, 대신들의 모함 때문에 뒤주 속에서 생을 마감하였다. 정조는 아버지를 죽음으로 몰게 한 당쟁을 싫어하였으며, 유난히 아버지에 대한 효성이 극진하였다.

정조는 사도세자의 묘를 양주 배봉산에서 조선 최대의 명당인 수원의 화산으로 옮겼다. 그리고 화산 부근에 있던 고을을 수원의 팔달산 아래 지금의 위치로 옮기면서 수원 화성을 만들게 하였다.

정조는 자신의 아버지를 죽게 한 지긋지긋한 당쟁을 멈추고 싶은 강한 의지를 표현하기 위해서도 신도시가 필요했는데, 그것이 바로 수원 화성이었다. 그리고 수도 남쪽의 국방을 담당하는 요새로 삼고 싶었던 것이다.

정조가 수원을 선택한 이유는 수원이 명당이기도 하지만 수원은 말뜻 그대로 '물 많은 평원'으로 농업이 활발하던 지역이다. 그래서 수원에서는 물 관리를 위해서 저수지를 만들고 본격적인 수리사업이 펼쳐졌었다.

또한, 수원은 중국, 일본과의 물자 교류가 활발한 지역이었고, 육로 또는 한강을 통해 수로로 들어오는 물자의 유통 요지이기도 했다. 따라서 정조는 신도시만 짓는 것이 아니라 생업을 가진 안정된 정착 인구를 유치하고 동시에 환경을 보전하려는 생각을 가지고 있었다. 그래서 경제, 산업, 정치, 국방, 기술, 문화 등 다각적인 정책이 수원 화성의 건설에 반영됐다.

| 수원 화성

정조의 화성 건설이란 원대한 꿈을 이루어줄 사람이 필요했는데 그가 바로 정약용이었다. 정조는 당시 규장각 문신이었던 정약용에게 수원 화성을 만들도록 지시하였다.

정약용은 정조의 명을 받들기는 하였지만 한 번도 성을 축조해 본 적이 없으므로 당황스러울 수밖에 없었다. 그러나 그는 번득이는 창의력을 가지고 있었기 때문에 자신감을 가지고 바로 학습을 시작하였다.

먼저 정약용은 자신만의 독특한 성을 짓기 위하여 규장각 내에 있는 동·서양의 성을 건축하는 관련 서적들을 참고로 하여 《성화주략》1793년이라는 책을 지었다. 수원 화성은 《성화주략》을 근거로 재상을 지낸 영중추부사 채제공을 총괄로 임명하고, 조심태의 지휘로 1794년 1월에 착공에 들어가 1796년 9월에 완공되었다.

수원 화성을 축조할 때 공기를 단축하기 위하여 정약용은 거중기나 녹로와 같은 건축 기구를 특수하게 고안·사용하여 무거운 석재 등을 옮기며 쌓는 데 이용하였다.

수원 화성은 중국, 일본 등지에서 찾아볼 수 없는 평지와 산을 이어 쌓은 성의 형태로 되어 있는데, 고구려의 평양성, 백제의 사비성에서 아이디어를 얻었다. 수원 화성은 일반적인 성이 군사적 방어 기능만을 보유하고 있는 데 비해 군사적 방어 기능과 상업적 기능을 동시에 보유하고 있는 다기능 성이라고 할 수 있다.

수원 화성은 기능만 복합적인 것이 아니라 과학적이고 실용적인 구조로 되어 있다. 외형도 조선의 다른 성에 비하여 동양 성곽의 백미를 자랑할 정도로 아름답다.

화성의 성벽은 돌로 외측만 쌓아올리고 내측은 자연적인 지형을 이용해 흙을 돋우어 메우는 방법으로 자연과 조화를 이루고 있다. 성벽도 기존의 성은 돌들을 쌓아 만들었지만 수원 화성은 돌을 맞추어 끼워 넣는 방법으로 쌓아서 다른 성에 비하여 튼튼하고 미관도 좋다.

현재 수원 화성은 200여 년 전 쌓을 당시의 모습을 거의 원형대로 보존되어 있을 뿐 아니라, 북수문화홍문을 통해 흐르던 수원천이 현재에도 그대로 흐르고 있다. 수원성은 크게 팔달문과 장안문, 수원 화성 행궁과 창룡문이 주요 골격으로 구성되어 있다. 내부 가로망은 이들 건축물을 연결하고 있으며, 현재에도 그대로 현존하고 있다.

성을 쌓는 동기가 군사적 목적보다는 정치·경제적 측면과 부모에 대한 효심으로 성곽 자체가 '효' 사상이라는 동양의 철학을 담고 있어 문화적 가치 외에 정신적, 철학적 가치를 가지는 성으로 이와 관련된 문화재가 잘 보존되어 있다.

너욱이 벽돌과 돌의 사용, 현안*·누조**의 고안, 거중기의 발명, 목재와 벽돌의 조화를 이룬 축성 방법 등은 조선 시대 성 쌓는 기술의 결정체로서 걸작으로 평가되고 있다.

그러나 무엇보다도 수원 화성이 갖는 역사적 의미는 지금까지 학자들이 벌인 유교 논쟁에서 벗어나 백성의 현실 생활 속에서 학문을 실천하는 방법을 찾으려고 노력한 실학사상이 바탕이 되었다는 것이다. 특히 당대 학자들의 충분한 연구와 치밀한 계획으로 건설되었는데, 그 가운데 정약용이 중심이 되었다는 것이다.

---

* 현안 : 성벽을 기어오르는 적병에게 끓는 물을 쏟아 붓기 위하여 위에서 아래로 군데군데 낸 홈
** 누조 : 성의 바깥문 위에 지은 다락집 둘레에 모인 물이 흘러내리도록 판 홈

화성은 당대 기술의 집대성이자 신기술 개발의 실험장이었다. '규장각'에서 키워진 많은 합리적 학자들, 인문적 상상력뿐 아니라 기술적 현실 감각을 가진 학자들이 현장에서 능력을 펼쳤다. 결국, 수원 화성은 정약용을 중심으로 동서양 성을 쌓는 기술을 집약하여 쌓았기 때문에 그 건축사적 의의가 매우 크다.

수원 화성의 또 다른 의미는 건설 보고서인 《화성성역의궤》를 순조 1년에 발간하였다는 것이다. 《화성성역의궤》는 그 당시 세계 어디에도 없는 독특한 보고서로 공사에 들어간 인력, 재료, 물량, 시간까지 기록하고 참여했던 모든 사람의 이름과 방법을 밝히고 글과 그림을 조합하고, 기술 설명을 한 것이다. 《화성성역의궤》의 의미는 공사에 관련된 기록한 보고서로 공사 실명제를 도입하였다는 것이다.

화성 건설은, 그 과정과 마무리까지 지금의 우리가 다시 들여다보아야 할 건축 교과서와 같다. 우리는 정약용의 수원 화성 신도시 건설에서 21세기 신도시 건설의 방법과 비전을 배워야 한다. 정약용은 화성을 만들기 위해서 미리 차근차근 계획을 세우고 경제·산업·기술·정치·문화 등 각 분야의 기술과 인력을 총 결집하여 만들었다. 그러다 보니 외모만 아름다운 게 아니라 요모조모 쓸모 있는 성을 만들게 된 것이다.

어떤 일을 할 때든지 아무 계획 없이 하는 것보다 정약용처럼 계획을 세워서 다양한 정보를 수집해서 일을 한다면 반드시 좋은 결과가 생길 것이다.

04 모방으로 거중기를 만들다

모방은 다른 것을 본뜨거나 본받는 것을 말한다. 즉 모방은 다른 전문가나 예술인의 작품을 비슷하게 만들어보고, 그 기법이나 방법을 터득하는 것이다. 그렇기 때문에 무조건 모방한다고 해서 나쁜 것이 아니라 모방을 통해 새로운 창조물이 나올 수도 있다는 것이다. 실제로 모방을 통해 연습을 하다 보면 새로운 작품을 창조하는 데 많은 도움이 되는 것이 사실이다.

정보의 이동은 너무나 빨라서 오늘 아침에 발간된 하버드대학의 신간 서적이 그날 오후 서울의 대학생들이 읽을 정도이고, 상해의 싱바커카페星巴克(스타벅스의 중국어 번역)가 미국의 스타벅스starbucks를 모방하였다는 인터넷 뉴스를 바로 접할 수 있을 정도로 우리들은 정보의 초고속 시대에 살고 있다.

이러한 정보의 범람과 섬광 같은 흐름은 고맙게도 우리에게 모방의 필요성을 가르쳐 주고 있다. 과거에는 필요가 발명의 어머니였다면 이제는 모방이 발명의 어머니라는 말이 오늘날 정보화 사회에 딱 들어맞는다.

정약용은 공부만 해온 학자이면서도 수원 화성을 쌓을 때는 거중기를 만들어 사용한 과학자이다. 정약용은 당시 일일이 돌을 쌓아 만들어야 하는 공법에 백성의 노고를 덜어주고, 건설 비용을 절감하는 방안을 모색하다 거중기를 만들었다. 거중기는 무거운 돌이나 물체를 쉽게 들어 올리는 데 사용한 기계로, 주로 건축 토목 공사에 쓰였다.

수원 화성의 건설은 당초 10년 정도 걸릴 것으로 보았다. 하지만 예정보다 훨씬 단축된 34개월밖에 안 걸렸고, 그나마도 중간의 6개월 정도 공사를 쉰 것을 감안하면 실제로는 28개월 만에 마무리했다. 이와 같이 빨리 건설될 수 있었던 것은 설계 계획의 치밀함에도 있지만, 첨단 건설 기계가 도입되었기 때문이다.

장비의 종류와 공사장에 투입된 숫자가 명시된 《화성성역의궤》를 보면, 성을 쌓는 데 동원된 기계 장비는 모두 10종류였다. 거중기 11량, 유형거 11량, 대거 8량, 별평거 117량, 평거 76량, 동거 192량, 발거 2량, 녹로 2좌, 썰매 9좌, 구판 8좌이다. 대거, 평거,

발거는 소가 끄는 수레로 대거는 소 40마리, 평거는 소 10마리, 발거는 소 1마리가 끌었다. 별평거는 평거에 바퀴를 단 것으로 보인다. 동거는 바퀴가 작은 소형 수레로 사람 넷이 끌어 사용했으며, 썰매는 바닥이 활처럼 곡면을 이루어 잡아끄는 기구이고, 구판은 바닥에 둥근 막대를 여러 개 늘어놓고 끌어당기는 작은 기구이다.

화성 건축에 사용된 기구 중 가장 대표적인 것이 현대의 기중기와 같은 용도의 거중기이다. 거중기의 유용성은 적은 힘으로 큰 물건을 들어 올림으로써 인력을 절약할 수 있었고, 무거운 물건이 떨어지는 사고로 인한 인명 피해를 줄일 수 있었다는 점이다. 사람이 직접 밧줄로 무거운 물건을 들거나 움직일 때 잘못해 손에서 밧줄을 놓치는 경우 물건이 떨어져 파괴되거나 사람에게 큰 피해를 줄 수 있기 때문이다. 거중기는 이러한 위험을 예방할 수 있어 수원 화성 건설에서 작업 능률을 4~5배로 높일 수 있었다.

화성 축성 과정에서 각종 기계 장비가 적극 활용된 이유는 정약용과 같은 실학자가 공사에 참여했기 때문이다. 거중기가 발명되기 전에는 성을 쌓을 때 백성이 직접 무거운 돌을 운반하여 힘이 들었을 뿐만 아니라 시간이 많이 걸렸다. 그러나 거중기가 발명되고 난 후에는 무거운 돌을 쉽게 운반하여 성을 쌓을 때 드는 힘과 시간을 절약할 수 있었다.

정약용이 거중기를 발명하게 된 것은, 중국에서 들여온 《기기도설奇器圖說》이란 책을 정조가 정약용에게 주었는데 그 책을 참고하여 거중기를 개발하였다고 한다. 《기기도설》은 중국에 와 있던 서양 선교사가 쓴 과학기술 서적이다. 정약용은 성을 쌓는데 백성들의 노고를 줄여 주고 싶었고, 정조가 그렇게 바라던 수원 화성의 축성 시간을 줄이기 위하여 거중기 등의 성 쌓는 도구들을 발명해 내었다.

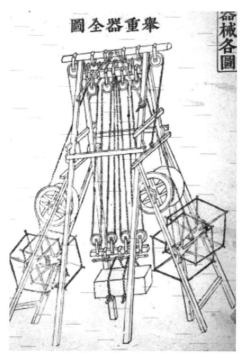

| 거중기

학문 공부에 열심이었던 정약용이 거중기를 개발할 수 있었던 것은 바로 모방을 통한 창조가 바탕이 되었다. 정약용이 가진 창의력의 바탕을 보면, 중국과 조선의 고전에 해박하였으며, 여기에 서양의 과학사상과 실학사상을 근거로 한 실용주의적 논리가 합해졌기 때문이다. 이처럼 정약용은 충분한 배경지식을 바탕으로 실용적인 것을 찾다 보니 새로운 거중기를 발명하게 된 것이다.

05 변형으로 유형거를 만들다

창의력을 높이기 위해서는 경험을 배경으로 하는 것이 가장 효과적이다. 발명이 이미 사용하고 있는 것을 변형하거나 발전시켜서 만드는 것과 마찬가지로 창의성도 기존의 배경 지식을 사용해서 하는 것이 좋다. 다양한 경험을 바탕으로 자신이 가진 정보와 지식들을 변형하는 데서 새로운 생각이 떠오르기 때문이다.

다양한 경험이 없다면 어떻게 하면 다르게 할 것인가를 계속 생각하면 된다. 새로운 생각을 하기 위해서는 기존의 것들을 변경, 변형, 결합, 제거, 추가, 적용, 반대, 과장, 없는 것을 만들어서 생각하는 것이다.

변형은 모양이나 크기, 색깔, 형태 등 외형적인 것을 바꿈으로써 새롭게 만들어 내는 것을 말한다. 예를 들면 '모양을 바꾸게 되면

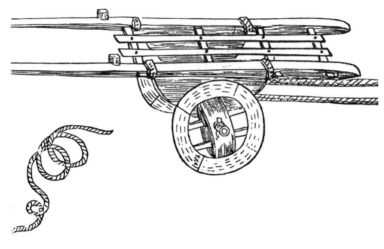

| 유형거

어떻게 될까?', '색깔을 바꾸면?', '소리를 바꾸면?', '길이를 바꾸면?', '무게를 바꾸면?', '복잡한 것을 단순하게 하면 어떨까?', '특징 없는 것을 특징 있게 하면 어떨까?' 등을 추구하는 것이다.

유형거는 거중기·녹로와 함께 정약용이 수원 화성을 만들 때 새로 고안한 발명품이다. 기존의 큰 수레는 바퀴가 너무 크고 투박해 돌을 싣기 어렵고, 바퀴살이 약해 부러지기 쉬우며, 만드는 데 비용이 많이 드는 단점이 있었다. 또 썰매는 몸체가 땅에 닿아 밀고 끄는 데 힘이 들어 이 둘의 단점을 보완하기 위해 유형거를 만들었다.

정약용이 만든 유형거의 특징은 바퀴가 재래식 수레바퀴보다 작고, 바퀴살 대신 서로 엇갈리는 버팀대를 대어 바퀴가 튼튼하다. 또한, 바퀴와 짐대 사이에 반원 모양의 부품인 복토를 덧대어 수레 바닥의 높이가 높고, 수레가 앞뒤로 오르내릴 수 있도록 제작되었다. 특히 저울의 원리를 이용한 복토는 수레의 무게 중심을 평형으로 유지시켜 수레가 비탈길에서도 빠르고 가볍게 움직이게 하는 역할을 하였다.

　화성 축성 당시 정약용이 만든 유형거의 정확한 모습도 아직까지는 확인되지 않았다. 그러나 《화성성역의궤》를 보면 당시의 일반 수레 100대가 324일 걸려 운반하는 짐을 유형거 70대로 154일 만에 운반하였다는 기록이 남아 있어 유형거의 성능을 짐작할 수 있다.

우리는 무언가를 시도하거나 만들 때 남들이 기존에 썼던 방법만을 그대로 사용하려고 하지 무언가를 새로 만들어 봐야겠다는 생각은 잘하지 못한다.

화성 건설에 거중기, 유형거와 같은 갖가지 첨단 건설 기계가 도입됨으로써 매우 빠른 속도로 공사가 마무리되었다. 수원 화성 자체가 정약용과 정조의 창의력의 합작품이었지만 첨단 기계의 도입은 그것을 더욱 빛나게 해 주었다.

수원 화성이라는 새로운 개념의 도시를 만들기 위해서는 새로운 공법이 시도되어야 하고, 그것을 이루려는 노력이 정약용의 창의력을 더욱 촉진하게 되었다.

창의력은 하고자 하는 마음에서 시작된다. 정약용은 수원 화성을 새롭게 만들고, 빨리 백성을 편안하게 해야겠다는 목표가 생겼고, 그로 인해 거중기나 유형거와 같은 다양한 기계를 고안하여 목표를 이룰 수 있었던 것이다.

06 호기심으로 사진기를 만들다

사진기는 원래 라틴어인 카메라 옵스쿠라camera obscura에서 나온 것으로 '어두운 방' 혹은 '어둠 상자'라는 뜻이다. 르네상스 이후 서양 화가들은 바늘구멍 사진기의 구조에 가까운 카메라 옵스쿠라를 활용하여, 상자 내부의 어둠 속에 바늘구멍으로 들어온 빛을 따라 일정한 거리에 흰 종이를 갖다 놓아 사물이 거꾸로 비친 형상을 따라 밑그림을 정확하게 묘사하는 데 사용하였다.

화가들 사이에 인물화나 풍경화에 입체감과 투시 원근법을 표현하는 수단으로 널리 활용되었다. 오늘날의 카메라는 이 원리를 이용해 만들어졌다.

다방면에 뛰어난 실학자이며 과학자로도 알려진 정약용의 호기심은 이미 기중기나 배다리를 만드는 데만 관여한 것이 아니라 사진기를 만들어서 사용하기도 하였다. 아쉽게도 정약용이 만든 카메라가 남아 있지는 않지만 정약용의 사진기에 대한 관심은 여러 곳에서 볼 수 있다.

정약용의 기록으로 보면 광학기구를 이용해 원근법과 입체감을 나타내는 서양의 회화기법인 '카메라 옵스쿠라'가 조선 시대에 이미 도입된 것으로 보인다. 카메라 옵스쿠라는 중국을 거쳐 조선에 들어왔는데, 아마도 1784년에 북경을 다녀온 정약용의 매부 이승훈이 정보를 가져왔을 것이다. 호기심이 많았던 정약용은 카메라 옵스쿠라를 바탕으로 '칠실파려안'을 만들어서 사용한 것으로 보인다.

정약용은 《여유당전서》에 실린 〈칠실관화설漆室觀火說〉은 정약용이 카메라 옵스쿠라를 구체적으로 실험하고 있음을 보여줄 뿐만 아니라 '칠실파려안'에 대해 상세히 서술했다. 칠실은 어두운 방이라는 뜻이며, 파려안은 오늘날의 렌즈를 뜻한다. 따라서 '칠실파려안'은 카메라 옵스쿠라의 순수한 우리식 명칭인 셈이다.

정약용은 '칠실파려안'에 대해 《여유당전서》에 다음과 같이 기록하였다.

"방의 창문을 모두 닫고 외부에서 들어오는 빛을 모두 막아 실내를 칠흑과 같이 어둡게 하고 구멍을 내어 볼록렌즈를 구멍에 맞추어 끼운다. 투영된 영상은 눈처럼 희고 깨끗한 종이 판 위에 비친다."

역경 속에서 학문을 꽃 피운 정약용 리더십

| 여유당

　오늘날의 카메라 원리를 묘사한 조선 최초 기록의 일부이다.

　정약용의 《시문집》 1집 10권 〈설說문〉에는 "안타까운 것은 바람
이 불면 나뭇가지가 흔들려서 묘사하기가 매우 어렵고……."라는
내용이 나온다. 이 내목은 '칠실파려안'의 사용 방법이 이렵다는 것
을 표현하기도 하였다.

　정약용이 지은 친구 복암伏菴 이기양李基讓의 묘지명에도 '칠실파
려안'이라는 단어가 등장한다.

　"복암이 일찍이 나의 형 정약전의 집에서 캄캄한 방에 문구멍을
뚫어 유리를 붙여 놓고서 거꾸로 비치는 그림자를 취하여 화상을
그리게 하였다. 밖에 앉은 사람이 조금이라도 움직이면 초상을 그
릴 수가 없기 때문에 움직이지 못하게 하였다."

　당시 화가들은 대상을 있는 그대로 묘사하고 싶었기 때문에 카메
라 옵스쿠라는 충격적일 만큼 새로운 자극이 됐을 것이란 해석이다.

물론 '칠실파려안'은 현대의 카메라와 비교하면 매우 원시적이다.

정약용의 기술은 렌즈를 통해 투영된 영상을 채색함으로써 실물과 똑같이 그려내는 데 쓰였을 뿐이다. 그러나 이런 초기 카메라의 원리가 서구에서도 19세기 초까지 사용됐던 것으로 볼 때 정약용의 기술은 주목할 만한 것이다.

TIP

정약용이 현대의 카메라에 관심을 가졌던 사실을 보면 그의 지적 호기심의 끝은 도대체 어디일까 하는 생각이 들게 한다. 창의적 인재가 되려면 정약용처럼 호기심이 차올라야 한다. 그래야 지치지 않고 오랜 시간 몰입할 수 있는 것이다.

요즘 억지로 하는 공부에 찌든 학생들이 많다. 공부가 즐겁기 위해서는 지적 호기심이 바탕이 되어야 한다.

창의적 사고력을 드높이는 출발점은 바로 이 세계에 대한 뜨거운 관심, 즉 호기심이다. 이 뜨거운 관심은 자신을 둘러싼 세계에 대한 신기함과 궁금함을 증폭시킨다. 우리는 이것을 관심의 힘이라고 말한다. 사람에게 본능처럼 지니고 있는 '호기심의 힘'을 키워주고 격려하면 창의력을 길러주는 강력한 힘이 된다.

07 경험을 바탕으로
천연두를 정복하다

　창의력을 높이기 위해서는 경험만큼 중요한 것이 없다. 다양한 경험을 바탕으로 자신이 가진 정보와 지식들을 변형시키는 데서 새로운 생각이 만들어지기 때문이다. 정약용은 무엇인가 새로운 것을 만들 때는 항상 자신이 경험한 것을 바탕으로 분석하여 새롭게 만들어 내는 능력을 가졌다.

　정약용은 조선 실학의 대명사로 유명하지만 의학자로서의 면모는 일반에 널리 알려지지 않았다. 조지훈 시인의 아버지이자 우리나라 동의학의 기틀을 마련한 조헌영은 1935년 쓴 글에서 "허준의 《동의보감》이나 강명길의 《제중신편》 등의 의서도 새로운 학설이나 색다른 의견을 발견할 수 없기 때문에 실제로 관찰하고 실용적인 의학서를 만든 정약용은 조선 최고의 한의학자"라고 평가했다.

정조 19년에 중국의 소주蘇州 사람 주문모周文謨 신부가 변복을 하고 몰래 들어와서 천주교를 몰래 전도하고 있었다. 체포하려 했으나 주문모는 도망가고 그의 동조자 3인을 붙잡아 죽인 사건이 있었다.

이 사건을 빌미로 노론 세력들은 천주교에 관심을 갖고 있던 이가환, 정약용, 이승훈을 제거하려고 하였다. 정조는 노론의 주장에 따라 중앙에 있던 이가환을 충주목사로, 정약용을 충청도 홍주洪州에 소속된 역원譯院인 금정찰방金井察訪으로 좌천하고, 이승훈은 예산현禮山縣으로 유배 보냈다.

다음 해 정조는 정약용이 천주교 신자 혐의를 충분히 씻었다고 생각해 정약용을 동부승지로 임용해서 가까이 두려 했다. 이에 대해 정약용은 '동부승지를 사양하는 상소문'을 올렸으나 반대파는 이 글의 일부 문구만 떼어내 정약용이 천주교 신자라는 증거라며 더욱 몰아 세웠다. 정조는 어쩔 수 없이 정약용을 황해도 곡산부사로 더 멀리 보내야 했다.

곡산부사로 내려온 정약용은 훌륭한 관리가 되겠다는 노력을 게을리하지 않았다. 때마침 곡산 지역뿐만 아니라 전국적으로 일명 '마마'라 불리는 천연두가 창궐하였다.

정약용은 천연두와는 좋지 않은 인연이 있었다. 정약용이 일곱 살 때 천연두를 앓아 오른쪽 눈썹이 세 갈래로 나뉘었다 하여 스스로를 '삼미자三眉子'라 불렀었다. 또한, 슬하에 6남 3녀가 있었는데, 여러 명이 어린 나이에 천연두를 앓다가 죽고 말았다. 정약용은 백성이 천연두로 고통받고 어린아이들이 사망하는 것을 보고 참을 수가 없었다.

정약용은 천연두에 대한 연구를 시작하였다. 당시 천연두는 목숨까지 잃을 정도로 무서운 전염병이었지만, 오직 백성이 고통에서 벗어날 수 있도록 해야겠다는 일념하에 천연두의 치료법 연구에 몰두하였다.

먼저 정약용은 어려서 천연두를 앓을 때 치료해 준 이헌길李獻吉에게서 천연두와 관련된 책을 빌려 그 근본 원인을 탐구하였다. 그리고 부족한 내용에 대해서는 중국과 조선의 의서 60여 종을 뒤져 천연두와 관련된 자료들을 발굴해 내었다. 그중에서 천연두의 치료법들에 관련된 내용들을 정리하여 그것을 다시 다섯 차례나 고쳐 천연두의 치료법을 적은 12권의 《마과회통》을 완성하였다.

정약용은 이 책의 서문에서 사람의 목숨보다 이익을 중시하는 의원들을 준엄하게 꾸짖고 있다. 이유는 당시 의원들이 돈벌이가 안 된다는 이유로 천연두 환자를 치료하지 않고, 받으려고 하지도 않아 죽는 사례가 많았기 때문이었다.

정약용은 이후 박제가와 함께 연구에 연구를 거듭하여 결국 역사상 처음으로 종두법을 소개하기에 이른다.

정약용은 이처럼 의학 분야나 자연과학에 대해서도 깊은 관심을 가지고 많은 업적을 남겼다. 그는 손목의 맥脈을 짚어 병을 진단하는 진맥의 부정확성을 비판했고, 얼굴 모양을 보고 운명을 점치는 관상법을 배격했으며 풍수지리설 또한 맹렬히 비판했다. 그는 풍수설을 가리켜 "꿈속에서 꿈꾸고, 속이는 속에서 또 속이는 연극이다."라고 까지 말했다.

TIP 정약용은 평생 백성에 대한 사랑과 헌신적인 태도를 보였다. 따라서 정약용이 부임하는 곳마다 백성이 그를 따르고 섬겼을 것은 보지 않아도 짐작이 가는 일이다. 정약용이 유배지에서 풀려나 복권도 하지 못한 채 고향에서 지내고 있을 때 임금의 환후를 돌봐 달라는 명을 받고 두 차례나 궁중으로 불려 갔다는 기록도 있다. 정약용의 이러한 의학적 전문성과 과학적 사고의 기반은 자신이 직접 천연두를 걸려본 경험을 바탕으로 백성을 사랑하는 마음이 있었기에 가능한 것이었다.

08 학습으로 《흠흠신서欽欽新書》를 만들다

《흠흠신서》는 정약용의 《목민심서》, 《경세유표》와 더불어 3대 역작 중의 하나이며, 우리 법률과 관련된 최초의 율학범죄와 형벌에 대한 학문연구서로 기록되어 있다. 이 책은 정약용이 유배되어 있을 동안 《증수무원록》을 토대로 쓴 책이다.

세종대왕은 백성에 대한 사랑이 많았었기에 백성의 무고한 죽음에 대하여 사망 원인을 철저히 가려내려는 법의학서를 만들고자 하였다. 마침 원나라의 왕여가 쓴 《무원록》을 보고 조선에도 이러한 책이 나왔으면 좋겠다고 생각하였다.

《무원록》의 무원無寃이란 '원통함이 없게 하다'라는 뜻으로 원통한 일이 없도록 사건 수사에 도움이 되는 법의학적 실무 지식을 수집, 정리한 책이다. 그러나 《무원록》의 풀이가 너무 간단해 이해하기가 어려웠으며 용어도 중국의 방언을 그대로 사용하여 이해하기가 어려웠다.

세종대왕은 이에 쉽게 사용할 수 있도록 주를 달아 《신주무원록》을 펴냈다. 《신주무원록》이란 '《무원록》에 새롭게 주석을 달다' 라는 뜻이다. 《신주무원록》은 우리나라의 실정에 맞는 사례를 담았으며, 검시의 과학적 방법과 공정함을 바탕으로 한 법의학서였다. 또 한글로 번역해 누구나 쉽게 읽도록 했다.

경국대전에서는 이를 공식 법의학서로 채택하였고, 이후 영조 때에는 《신주무원록》의 내용을 보충·교정·해석하여 《증수무원록》을 편찬하였다. 증수增修란 '(내용을) 더하여 보충한다' 란 뜻이다. 즉 《증수무원록》의 내용을 더하고 보충한 《무원록》이란 뜻이다.

《증수무원록》의 내용을 보면 죽은 사람의 사망 원인이 맞아 죽은 경우, 물에 빠져 죽은 경우, 목이 졸린 경우, 칼에 찔린 경우, 불에 타 죽은 경우, 약물로 죽은 경우 등이 자살인지 타살인지를 판별하는 방법과, 시체를 계절에 따라 검안하는 방법, 뼈와 살이 상한 경우 판별하는 방법, 땅에 묻은 시체를 판별하는 방법 등을 기술하였다.

당시에 주먹구구식으로 살인 사건을 취급하던 시기에 현대적이고 과학적인 수사 방법과 합리적인 방법을 제시했다.

《증수무원록》이 출간되자 죄인을 다스리는 담당관들의 필독서가 되었으며, 중국과 일본에서도 가져가 중요한 참고 서적이 되었다. 정조는 이를 토대로 하여 인권을 중시하고 죄인의 형벌에 공정성을 기약하려 노력했던 것이다.

정약용은 58세 되는 나이에 고향인 남양주로 돌아와 《증수무원록》의 내용을 토대로 《흠흠신서》 집필을 완성하여 1822년에 발간하였다. 정약용이 《흠흠신서》를 집필하게 된 배경은 관청이나 관료들이 당시 살인 사건의 조사·심리·처형 과정이 매우 형식적이고 무성의하게 진행됨에 따라 무고한 백성이 억울하게 죄를 뒤집어쓰거나, 미궁으로 빠지는 것을 보고 안타까워했기 때문이다.

딩시의 제도는 목민관이 입법·사법·행정의 삼권을 모두 행사하고 있었으므로, 이들이 목민관의 정확한 법 지식을 바탕으로 조사하고 재판을 한다면 억울한 피해자를 줄일 수 있다는 것이 정약용의 생각이었다.

이에 따라 정약용은 살인 사건에 대하여 올바르게 조사·심리·처벌이 이루어지기 위해서는 조사와 재판을 정확하게 할 수 있는 기본적인 교재의 필요성을 느껴 《흠흠신서》를 집필하게 되었다.

흠흠이란 명칭은 원래 '삼가하고 또 삼가하라'는 말이지만, 이 말의 뜻은 법을 존중하고 그 죗값에 대해 공정함을 나타내기 위하여 정말 신중하게 다루라는 의미로 사용한 것이다.

정약용은 《흠흠신서》에서 법률적 접근만 다룬 것이 아니라 법의학적·형사적인 측면을 포괄하고 있으며, 사건의 조사와 시체 검험 등 과학적인 접근까지 상세하게 다뤘다. 정약용에 대해서 또 한 번 놀라운 것은 실학자나 유학자로서만 위대한 업적을 남긴 것이 아니라 이처럼 법의학 분야에 대한 깊은 공부를 하여 법의학서를 편찬하였다는 것이다.

《흠흠신서》는 단순한 학습의 결과만 나열한 것이 아니라, 본인이 현직에 있을 때나 유배지에서도 관심을 갖고 정보를 수집한 결과 또 하나의 사회에서 유용하게 사용될 수사 지침서가 태어난 것이다. 정약용이 의학자가 아님에도 《흠흠신서》를 집필할 수 있었던 것은 왕성한 학습 능력이 있었기 때문이다.

정약용의 《흠흠신서》가 가지는 의미는 많지만, 그중에서도 가장 중요한 것은 생명에 관한 범죄는 조심스럽고 성실하게 공정히 처리해야 누구나 억울함이 없음을 누누이 강조했다.

《흠흠신서》는 정약용이 세상을 떠난 후 대량 인쇄되어 목민관들의 지침서로 활용되었고 조선 후기에 벌어진 각종 사건 해결의 단서를 찾는데 도움을 주었다. 무엇보다 힘없는 백성에게 혜택이 돌아가 무고하게 옥살이를 하거나 누명을 썼던 사람들에게 희망을 갖게 하였다.

02

공부해야 한다

공부해야 한다

공부의 개념을 정의해 보면 좁은 의미는 "학문이나 기술을 배우거나 닦는 것"이라고 되어 있지만, 넓은 의미는 학문이나 기술에만 그치는 것이 아니라 실생활에서 겪는 모든 것을 아는 것을 말한다.

공부의 수단적인 의미는 자신의 발전이나 정신에 숭고한 에너지로 보고 있다. 공부의 목적적 의미는 인간다운 삶을 보장받거나, 자아실현의 기회를 얻기 위해서 하는 것이다. 바야흐로 공부하지 않으면 생존할 수 없는 시대가 되었다.

공부를 잘하는 비법이 난무하는 세상이다. 서점을 가보면 공부법 코너가 생겨 거기에 수많은 책이 쏟아져 나오고 있다. 빨리 공부하는 방법이 주목받고, 암기 전략까지 동원된다.

정약용은 어릴 적 아버지로부터 학문을 배우기 시작하여 죽을 때까지 공부에 정진하였다. 그리고 530여 권이나 되는 놀라울 만큼 많은 책을 남겼다.

정약용이 왜 공부를 했는지, 그리고 어떻게 공부해야 하는지를 다시금 돌아봐야 하겠다.

01 공부하려면 목표를 뚜렷하게 세워라

정약용이 공부를 시작한 것은 아주 어릴 때 아버지의 지도로부터 시작하였다. 글을 익히고 책을 읽으면서 공부에 대한 눈을 떴지만, 구체적으로 실학에 대한 공부를 시작한 것은 성호 이익의 책을 읽고부터였다.

정약용이 두 살 때 성호 이익이 세상을 떠나 직접 가르침을 받을 수는 없었으나 이익의 저서를 읽으며 공부하였다. 정약용은 이익의 저서를 읽으면서 적지 않은 충격을 받았다. 정약용은 이익의 저서를 통해 앞으로 실학에 대한 깊은 공부를 해야겠다는 뚜렷한 목표를 세우고 그를 인생의 롤 모델로 삼았다. 정약용은 직접 이익을 만나 가르침을 받을 수는 없었으나 이익의 도道나 학문을 기본으로 삼고 배우는 사숙私淑을 하였던 것이다.

정약용에게 실학에 대한 학문적인 욕구를 끌어낸 것은 이익이었다. 정약용은 이익의 종손인 이가환을 접하면서 이익의 위대함을 깨닫게 된다. 이때부터 이익의 생활이나 학문을 본받기 위해서 노력하였다.

정약용은 이익 선생에 대한 연구를 하면 할수록 이익 선생의 위대함을 존경하게 되었지만, 남긴 원고가 제대로 정리되지 않았음을 아쉬워했다.

정약용은 나서서 뜻있는 후학들을 모아 성호 선생의 남긴 원고를 정리해 나갔다. 이익 선생의 원고를 정리하기 위하여 후학들과 만나 그 경과 기록을 적은 《서암강학기西巖講學記》를 낼 정도로 이익의 학문에 대한 동경과 열정은 누구보다도 깊었다.

정약용은 이때를 다음과 같이 회고했다.

"서울에는 이가환李家煥 공이 문학으로 이름을 떨치고 있었고 자형인 이승훈李承薰도 또한 몸을 가다듬고 학문에 힘쓰고 있었는데, 모두가 성호 이익星湖 李瀷 선생의 학문을 이어받아 펼쳐나가고 있었다. 그래서 나도 성호 선생이 남기신 글들을 얻어 보게 되자 흔연히 학문해야 하겠다는 마음이 생겨났다."

결국, 정약용은 이익의 글을 정리하면서 이익과 같은 실학자로서의 길을 걷게 되고, 평생 세상의 변화를 꿈꾸었다.

정약용은 아버지를 통해서 글을 깨우쳤고 학문에 대한 관심을 가지게 되었지만, 실학에 대한 공부를 선택하게 된 것은 이익 때문이었다. 정약용에게 공부의 목표는 바로 실학을 통해서 백성에게 행복한 세상을 만들어주어야겠다는 목표가 있었기 때문이다.

공부하기 위해서는 자신의 목표가 뚜렷해야 한다. 목표를 이루기 위해서는 먼저 공부를 해야 한다. 만약 판사가 되고 싶다면 판사가 되기 위해 법대를 가야 하고, 고시를 보기 위해서 공부를 해야 한다.

결국, 공부하기 위해서는 정확한 목표를 가져야 한다. 여러분들의 목표는 무엇인가? 목표가 없다면 우선 목표부터 정해 보자. 그리고 그 목표를 이루기 위하여 열심히 공부해 보자.

02 큰 스승을 만나라

스승이라는 것은 자기를 가르치고 인도하는 사람을 말한다. 큰 스승은 스승들 중에서 자신의 인생에 큰 변화를 준 사람을 말한다.

정약용은 똑같은 학문이라도 누가 가르치느냐에 따라 결과는 차이가 크다고 생각하였다. 큰 스승을 만나면 배울 것이 많지만, 작은 스승을 만나면 배울 것이 적다는 진리를 잘 알고 있었기에 큰 스승을 많이 만나려 하였다.

정약용에게도 6명의 큰 스승이 있었다. 정약용은 4명의 스승은 직접 만나지 못했다. 다만 그들이 쓴 책을 통해서 그들을 따르고 공부해 나갔다. 정약용은 큰 스승을 통해서 학문의 목표를 세우거나 인생의 방향을 결정하는데 도움을 받았다.

• 아버지 정재원(1730~1792)

정약용에게 제일 먼저 영향을 준 사람은 정약용의 아버지 정재원이었다. 정재원은 어린 정약용에게 글을 가르쳐 4세 때 《천자문》을 익히게 했고, 6세 때에는 《사서삼경》을 가르쳐 끝낼 만큼 아들의 학문 지도에 열정을 쏟았다. 정약용은 이러한 아버지의 영향을 받아 공부에 대한 관심을 갖게 되었다. 정약용은 7세에 한시를 지었으며, 10세 이전에 이미 자작시를 모아 《삼미집三眉集》을 편찬했다. 어린 약용이 눈썹이 세 개밖에 없다는 뜻으로 큰형 약현이 '삼미집'이라 이름 지었다. 10세 나이에 옛 성현들이 유교의 사상과 교리를 써 놓은 책을 읽기 시작하여 정약용은 어릴 적부터 영특하기로 소문나 있었다.

결국, 정약용을 학문의 세계로 이끌고 관심을 가지게 했던 것은 바로 아버지의 역할이 컸다. 그런 뜻에서 정약용이 만난 첫 번째 큰 스승은 바로 아버지였던 것이다.

• 주희(1130~1200)

중국 송나라의 유학자로 '주자'라고 부르는 주희는 그 이전 시대까지의 유학을 집대성했다. 주희가 편찬한 책은 80여 종, 남아 있는 편지 글은 2,000여 편, 그의 대화를 기록한 대화록이 140편에 달하며, 그의 제자라고 할 수 있는 학자들이 467명에 달했다. 그는 늘 연구하고 글을 쓰며 제자들을 가르쳤다.

특히 주희는 《자치 통감강목》이라는 59권짜리 긴 역사서를 집필했는데, 정약용은 어려서 이 책을 모두 읽었다. 기원전 403년에서 기원후 960년에 이르는 역사를 다양한 시각에서 설명해 놓은 책이다.

정약용은 이 책을 통해 "하나의 사실을 깨닫기 위해서는 여러 시각에서 바라보고 깊이 생각해야 한다."라는 것을 깨닫게 된다. 그 후 정약용은 새로운 것을 접하게 되면 그것과 관련된 다양한 시각을 가지기 위해서 노력하는 습관이 생겼다.

정약용은 주희를 만나지는 못했지만 주희가 지은 책들을 읽으면서 주희의 업적을 존경하고 그를 닮고 싶어 했다. 그리고 주자처럼 많은 책을 남기고 제자들을 남기고 싶다는 목표를 가지게 되었다.

• 세종대왕(1397~1450)

세종대왕은 태종의 셋째 아들로 태어나, 22세의 나이에 태종의 왕위를 이어받아 조선 제4대 왕으로 즉위하였다. 그는 정치적으로 중앙집권왕에게 힘이 집중되는 것 체제를 유지하려 노력하였다. 또한, 집현전을 설치하고 학자들을 대거 기용하여 수많은 책을 만들어냈다. 장영실이라는 과학자에게 측우기를 만들게 하고, 해시계와 물시계

등 많은 기구들을 만들어서 조선을 발전시켰다.

또한, 훈민정음을 만들어 우리나라만의 독창적인 글을 창제하였고, 백성들도 어려운 한문 대신 편리한 문자 생활을 누릴 수 있도록 하였다. 그리고 여진족을 토벌하여 4군 6진을 개척하였으며, 일본 쓰시마섬을 정벌하는 등 국방을 강화하였다.

세종대왕은 아버지 태종이 세운 강력한 왕권과 경제력을 기반으로 재위하는 동안 정치·문화·경제·국방·과학 등 모든 면에서 훌륭한 정치를 하여, 수준 높은 민족 문화 창달과 조선 왕조의 기틀을 튼튼히 하여 성군으로 추앙받고 있다.

정조는 즉위하자마자 세종 때의 집현전을 본떠 규장각을 세웠다. 또한, 세종이 신분을 초월하여 인재를 등용했던 것처럼 정조 역시 규장각에 서얼들을 차별하지 않고 등용했다. 무엇보다 정조는 정치의 궁극 목적이 백성을 편안하게 하는 데 있다는 점을 세종에게서 배웠다. 한 마디로 세종은 정조의 롤모델이었던 것이다.

정조의 총애를 받은 정약용도 당연히 세종대왕에게 관심을 가질 수밖에 없었다. 정약용은 세종대왕을 통하여 우선 왕권을 강화할 수 있는 방법에 대해서 고민하는 계기를 갖게 되었고, 이러한 생각은 정조와 강력한 왕권을 만들려는 노력을 하게 하였다. 또한, 세종대왕처럼 다양한 발명을 하여 백성에게 실질적인 도움을 주어야겠

다는 생각을 가졌으며, 사회 발전을 위해서 많은 책을 저술해야겠
다는 생각을 갖게 되었다.

• 이황(1501~1570)

'동방의 주자'로 추앙되고 있는 퇴계 이황이다. 경북 예안현오늘날
의 안동시 예안면에서 이식의 7남 1녀 중 막내로 태어났다. 그의 아버지
는 그가 태어난 지 7개월 만에 40세의 나이로 사망하여 홀어머니 밑
에서 자라야 했다. 이황은 12세 때부터 삼촌인 송재 이우李堣에게서
학문을 배웠다. 삼촌은 그때 관직에 있었지만, 바쁜 일과 중에도 어
린 조카를 가르쳤다.

이황은 23세 때부터 관직을 두루 거쳐 승진을 거듭하였으나 사
직하고 고향에 들어가 공부만 하였다. 서울에 있을 때《주자전서朱子
全書》를 읽고 몰두하여 성리학을 연구하였다. 마침내 대성하여 '동
방의 주자'라는 칭호를 받게 되었는데, 이로부터 사방에서 학자들
이 모여들어 학문을 배웠다. 심지어는 일본에서도 배움을 청해 일
본의 성리학에 영향을 미쳤다.

이황은 한때 암행어사로 임명되어 관리들의 잘잘못을 가려내고,
백성의 생활을 나아지게 했다. 또한, 백성의 가난한 현실을 보고 백
성을 보살피려는 노력을 하였다. 이황은 백성을 위하여 향약을 실천

하도록 적극 권했다. 향약은 서로 돕고 바르게 생활하며 착한 일을 하면 칭찬을 받고, 나쁜 일을 하면 벌을 받는 규약이었다. 백성도 이황의 가르침에 따라 바르게 생활하려고 노력하였다.

이황은 평상시에 밥을 먹을 때에도 보리밥과 나물반찬만 먹을 정도로 검소한 생활을 하기로 유명하다. 그는 죽을 때도, "그동안 내가 빌린 책들을 모두 주인에게 돌려주어라. 그리고 내 무덤가에 화려한 비석을 세우지 말며, 내가 죽은 뒤 나라에서 내리는 상도 받지 말아라."라는 유언을 남겨 검소하면서도 진실한 모습을 끝까지 잃지 않았다.

정약용은 한평생 학문에만 뜻을 둔 퇴계 이황을 진정한 학자로서 존경했을 뿐만 아니라 영원히 마음속으로 스승으로 모셨다. 이황은 정약용에게 학문 세계의 방향을 정해주었으며, 관직 생활에서 백성을 위한 마음을 배우게 하였다.

• 정조(1752~1800)

정조는 조선 후기 개혁과 대통합을 실현한 군주였다. 정조의 이름 이산이며 호는 홍재였다. 정조는 영조의 손자로 아버지는 사도세자이고, 어머니는 영의정 홍봉한의 딸 혜경궁 홍씨이다.

사도세자를 이해하지 않고는 정조의 정책을 이해하기 어렵다. 사도세자는 원래 영조의 아들로 원래 이름은 장현세자였다. 장현세자는 어릴 때부터 총명하고 정치에 대한 관심이 많았다. 그러나 영조의 탕평 정치로 말미암아 노론과 소론이 화해한 것 같았지만 내면에는 갈등이 존재하고 있었다. 그런데 장현세자가 소론과 어울리자 영조가 죽고 사도세자가 왕이 되면 노론이 위험해 지기 때문에 장현세자를 제거하기 위한 음모가 진행되었다. 장현세자에 대한 잘못된 상소로 영조가 크게 혼을 냈다. 그 충격 탓인지 장현세자의 정신이 이상해져 궁녀를 죽이는 일이 생겼다. 영조는 장현세자를 뒤주에 가둬 물 한 모금도 주지 않고 굶겨 죽였다.

정조는 왕세자의 맏아들에 책봉되고, 다음 해에 아버지 사도세자가 뒤주 속에 갇혀 죽는 광경을 직접 보아야 했다. 영조는 일찍 죽은 맏아들 사도세자의 뒤를 이어 정조를 왕으로 임명하였다.

정조는 즉위와 동시에 본궁을 경희궁에서 창덕궁으로 옮기고 영조의 뒤를 이어 강력한 탕평 정책을 실시하였다. 이를 위해 정계에서 밀려났던 일부 남인들과 자신의 아버지 사도세자의 죽음을 애도하는 시파 등 고른 인재를 등용하였다. 또한, 왕권 강화를 위해 자신만의 친위부대인 장용영을 설치하고, 또 왕의 학문 기구인 규장각도 설치하였다.

또한, 이미 관직에 오른 관리들에게 다시 시험을 보게 하였는데,

그가 직접 문제를 내서 합격한 관리는 남게 하고 불합격한 관리는 물러나는 '초계문신제'라는 제도를 실시하였다.

정조는 유난히 아버지에 대한 효성이 극진하였으며, 아버지를 죽음으로 몰게 한 당쟁을 싫어하였다. 정조는 자신의 아버지를 죽게 한 지긋지긋한 당쟁을 멈추고 싶은 강한 의지를 표현하고, 수도 남쪽의 국방을 담당하는 요새로 활용하기 위해 사도세자의 묘를 수원으로 옮기고 화성을 짓기 시작하였다.

정조의 차분하고 치밀한 노력으로 자신의 재위 시기를 문화적으로 르네상스를 이루어 우리는 그를 성군이라 일컫고 있다.

오늘날의 정약용이 있기까지에는 여러 사람들의 도움이 있었지만 그중 가장 영향을 준 사람이 바로 정조이다. 개혁 군주이며 뛰어난 학자였던 정조는 정약용을 보호해 준 방패막이이자 동시에 경전에 관해 서로 토론하고 잘못된 점을 비판하였던 학문적 스승이었고 친구였다. 또 쓰러져가는 나라를 바로 세우기 위해 의기투합하였던 정치적 동지였다. 정약용은 정조를 위해 배다리를 만들고 화성 축조를 위한 기술적 설계를 하고, 거중기를 만들게 된다.

- 성호 이익(1681~1763)

이익은 조선 후기의 실학자로 호는 '성호'이다. 성호는 진주목사를 지낸 아버지가 귀양살이한 평안도 영산에서 태어났는데, 이듬해 부친이 사망하였다. 일찍이 이익의 형 이잠은 장희빈을 두둔하는 소를 올린 것 때문에 역적으로 몰려 고문 끝에 47세를 일기로 사망하였다.

이익은 이 사건을 계기로 관직에 대한 환멸을 느껴 과거에 응할 뜻을 버리고 평생을 첨성리_{현재 경기도 안산시 성포동}에서 집에 틀어 박혀 공부만 했다. 개인적 불행을 극복하고 학자로 우뚝 선 인물이다. 이익이 살던 첨성리는 바다에 가까운 곳으로 호수가 하나 있는데 이익의 호를 따서 '성호 호수'라고 부른다.

이익은 그의 저서인 《성호사설》과 《곽우록》을 통해 당시의 사회 제도를 실증적으로 분석·비판하여 정책적 대안을 제시하였다. 주요 내용을 보면 농업을 중요시해야 한다는 사상에 입각하여 개인의 토지 점유를 제한하여 땅 주인의 몰락을 방지하자고 하였다. 또한, 노비 신분을 점차적으로 해방시켜야 하며, 양반도 산업에 종사해야 한다고 주장하였다.

인재 등용에 대해서는 과거제도에만 의존하지 말고 천거하는 제도를 같이 실시할 것 등을 제시하여 당시 사회의 변화를 촉구하였다.

이익의 손자가 이가환인데, 정약용은 우연하게 이가환과 친구가 되어 집에 놀러갔다가 이익이 남긴 책들을 보면서 이익의 학문 세계에 대한 놀라움을 느끼고 존경하게 된다. 이를 계기로 정약용은 실학에 뜻을 두고 연구하게 되었다.

성공한 사람들은 누구나 자기가 닮고 싶은 롤 모델을 가지고 있다. 구체적으로 닮고 싶은 사람이 존재하기 때문에 그를 닮기 위해서 노력하다 보면 성공하는 것이다. 그래서 성공에 도달하기 위해서 무엇보다 중요한 것은 자기가 가고 싶은 분야의 성공한 사람 중에 닮고 싶은 사람을 찾는 일이다. 그것이 바로 큰 스승이다.

오늘날 학교 현장을 들여다보면 학생들이 수업 시간에 잠을 자거나, 선생님을 폭행하는 교실 붕괴 현상이 나타나고 있다. 학생들 입장에서 더는 선생님께 배울 것이 없다고 생각하거나, 자신들의 존경을 받을 존재가 되지 못한다고 생각하기 때문이다.

공자는 사람이면 어떤 사람이건 배울 것이 있다고 하였다. 하물며 우리에게 가르침을 주고, 인생을 이끌어 주는 선생님에 대한 존경심과 함께 그들에게서 무언가를 배우려는 노력이 필요한 때이다.

정약용은 자신의 스승들을 직접 만나지도 못하고 오직 책으로만 만났어도 그들을 존경하고, 그들을 따랐다. 그리고 이름을 남기는 사람이 되었다.

우리가 만나는 선생님들 중에 분명히 나의 인생을 이끌어줄 수 있는 선생님이 있을 것이므로 무엇이든 배우려는 자세를 가져야 한다.

03 공부는 꿈을 실천하게 해준다

조선 시대는 유난히 신분제도가 폐쇄적인 사회로 한번 종으로 태어나거나, 서자로 태어나거나, 천민으로 태어나면 다시는 신분을 바꾸기 어려운 사회였다. 그러나 정약용은 이러한 신분제도에 대해서 잘못을 깨닫고 인간은 평등하다는 기본 철학을 바탕으로 누구나 공부하면 평등해질 수 있다고 생각하였다. 그래서 그는 모든 사람이 공부를 해야 한다고 하였다.

정약용은 많은 편지에서 공부의 중요성을 강조하였다. 그는 자식들에게도 공부는 인간답게 사는 방법을 제시하는 길이라고 하였다. 또한, 공부는 무엇에 쓰기 위해서 하는 것이 아니라, 공부는 하지 않으면 안 되는 것이라고 하였다. 정약용은 백 년도 살지 못하는 인생이 공부를 하지 않는다면 이 세상에 살다 간 보람을 어디서 찾겠으며, 책을 읽지 않고는 어떤 일도 하기 어렵다고 하였다.

정약용은 전라남도 강진에 유배를 가서도 스스로 학문을 연구하면서 제자를 양성하였다. 자신이 가진 많은 지식과 포부를 직접 풀수 없다는 절박함에 자신의 생각을 가지고 세상의 변화를 이끌어낼 제자들이 필요했는지도 모른다. 그러나 강진에서 능력 있거나 출중한 능력을 가진 집안의 자제들보다는 하층 계급 출신의 자제들을 많이 가르쳤다.

당시 양반들이 영특한 자제들을 강진까지 보내서 교육을 받게 한다는 것도 문제였지만, 이미 대역 죄인의 길을 걷는 정약용이 아무리 유능하다고 해도 자녀를 맡긴다는 것은 목숨을 건 도박이기 때문이었다. 자연스럽게 강진과 가까운 지역의 하층 계급 자제들을 가르칠 수밖에 없었다.

정약용은 국가의 통치 이념을 제시할 수 있는 당대 최고의 실력자이었기에 어떤 자제들을 만나도 성공할 수 있는 사람으로 키울 수 있다고 생각하였다. 실제로 강진읍 6제자와 다산초당 18제자 등이 그의 문하에 들어와 공부했다. 정약용은 주로 아전 출신의 제자나 평민의 자제들을 양성하여 서울의 명사들과 교류하는 수준으로 만들었다. 그뿐만 아니라 일부 제자들은 저서를 통해 그들의 생각을 남기기도 하였다.

정약용은 사람이 공부를 해야 비로소 사람이 될 수 있다고 하였다. 결국, 공부하지 않게 되면 아무것도 할 수 없어서 인간적인 대우를 받기 힘들다는 것을 의미한다. 따라서 인간다운 대우를 받으면서 살고 싶으면 공부해야 한다.

공부는 시험을 잘 보기 위한 것만이 아니라 인간다운 삶을 보장해 주는 것이라 할 수 있다. 정약용이 가르친 제자들은 과거를 볼 수 있는 양반 집안의 자제들이 아니라 관직에 나가는 것은 어려웠으나 자기의 꿈을 실현하려는 제자들이 많았다.

만약 정약용의 제자들이 정약용을 만나지 않았다면 자기 부모들의 직업이나 삶을 물려받을 수는 있어도 자기의 꿈을 실현하지는 못했을 것이다.

04 공부를 안 하면 짐승과 같다

정약용은 15세에 결혼하여 생전에 4명의 아들을 두었다. 22세에 첫째 학연學淵이 태어났고, 25세에 둘째 아들 학유學游가 태어났으며, 28세에 셋째 아들 구장懼牂이 태어났으나 3세 때 사망하였다. 38세에는 넷째 아들 농장農牂이 태어났으나 셋째와 마찬가지로 3세 때 사망하였다.

정약용이 유배를 떠나던 해 큰아들은 19세, 둘째는 16세의 어린 나이에 아버지의 유배를 감당하기에는 너무 큰 사건이었다. 더욱이 한참 과거 준비에 열중할 나이였던 학연과 학유에게 아버지가 대역 죄인이라는 사실은 마른 하늘에 날벼락이었다. 당시 대역 죄인의 집안은 과거를 볼 수 없는 것이 국가의 법률이었기 때문에 이제 과거까지 볼 수 없게 된 것이다.

정약용은 유배지에서 마음이 편하지 않았다. 분명 자신의 아들들이 깊은 절망과 좌절의 늪에 빠져 있을 것이라 생각했기 때문이다. 설상가상으로 유배지에 도착하여 얼마 되지 않아 넷째 아들 농장이 사망하였다. 정약용은 인생이 너무 고통스럽고 가혹하다고 생각하였다. 그러나 자신의 절망보다 두 아들의 미래가 걱정스러운 정약용은 가만히 있을 수가 없었다.

정약용은 낙심하여 침체해 있을 두 아들에게 유배지에서 편지를 보내 학문하기를 주문하였다.

"아들들아. 절대로 좌절하지 말고 그럴수록 더욱 정진하여 학문에 힘써야 한다. 출셋길이 막힌 집안이라고 글도 못 쓰고 예절도 갖추지 못한다면 어찌 되겠느냐? 이럴 때일수록 보통 집안 사람들 보다 더욱 열심히 학문해야 겨우 사람 노릇이라도 하지 않겠니? 나도 귀양 사는 고통이 몹시 크지만 너희들이 학문에 정진하고 몸가짐을 올바르게 한다는 소식만 들리면 근심이 사라질 것이다."

정약용의 편지는 공부하지 않는 아이들에게 일반 사람들은 학문을 하지 않더라도 그냥 못 배운 사람에 지나지 않다고 생각하지만, 양반 자제들이 몰락한 집안이라는 이유로 학문을 하지 않으면 비천하고 더러운 신분으로 살게 된다는 것을 경고하는 글이었다.

그리고 결국에는 아무도 가깝게 지내지 않을뿐더러 세상에 버림을 받게 되어 결혼도 천한 집안과 하게 되어 집안이 몰락하게 된다는 것을 준엄하게 인식시키는 내용이었다.

정약용이 큰아들에게 보내는 또 다른 편지에서 정약용은 둘 다 가까이 두고 직접 가르치고 싶지만 가정 형편이 허락하지 않는 것이 안타깝다고 하며 읽어야 할 책의 순서를 꼼꼼히 적고 있다.

이 외에도 그가 집으로 보낸 편지를 보면, 옆에서 직접 가르치며 학문의 진척을 점검하고 부족한 부분을 보완해주지 못하는 아버지의 걱정이 구절구절마다 깊이 배어 있다.

그러나 아무리 편지를 보내도 자식들은 자신의 처지에 대해서 희망이 없었기 때문에 변함이 없었다.

남달리 효심이 깊었던 아들들이었지만 여러 차례 글공부를 재촉하는 아버지의 편지에도 불구하고 학문에 진척을 보이지 않자 정약용은 자식들을 걱정하다 병까지 앓게 되었다. 정약용은 아들들에게 편지를 보내 엄히 꾸짖으며 다시 학문하기를 권유하였다.

"공부를 해도 벼슬은 할 수 없지만 문장가가 되는 일이나 넓게 알고 이치에 밝은 선비가 되는 일은 얼마든지 할 수 있다. 또한, 평민이 배우지 않아 못난 사람이 되면 그만이지만 몰락한 집안으로서 배우지 않는다면 마침내 비천하고 더러운 신분으로 아무도 가까이 하려 하지 않기 때문에 학문은 해야 한다."

그래도 정약용의 아들들은 변하지 않았다.

급기야 학문을 게을리하는 아들을 정약용은 유배지 강진으로 불러 직접 가르치기도 하였다. 편지로 권유하는 것에도 한계가 있어, 자신의 유배에 대한 감시가 시간이 흐름에 따라 조금씩 풀리자 아들을 강진으로 내려오게 하였다. 정약용은 1805년 겨울 유배지를 찾아온 장남 학연과 읍내 고성사의 보은산방에서 함께 묵으며 주역과 예기를 밤낮으로 가르쳤다.

이때 예에 대한 학연의 질문에 답변한 것을 기록하여 모아놓았는데, 이름하여 스님들이 묵는 암자에서 묻고 답했다 하여 《승암문답 僧庵問答》이라 하였다. 유배지를 다산초당으로 옮긴 1808년에는 둘째 아들 학유까지 강진으로 불러 옆에 두고 오경 가운데 《주역》과 《춘추》를 읽도록 하였다.

맏아들 학연은 아버지의 저술 활동을 도운 정약용의 제자로서 큰 학자가 되었다. 비록 높은 직급은 아니었지만 벼슬길에도 오르고 당대의 석학들과도 교류하며 지냈다. 농업과 목축의 방법을 기록한 〈종축회통〉3권3책과 〈선음 鮮音〉, 〈근체시선 近體詩選〉 등 시선집에 들어 있는 시 몇 편이 후세에 전해지고 있다.

둘째 아들 학유는 추사 김정희와 친한 친구로 지내며 많은 시와 글을 나누었다. 학유는 아버지가 《주역심전》 같은 책을 짓는 걸 돕기도 했으며, 한글 가사인 《농가월령가》를 지었다.

　　자식을 제대로 가르치려는 부모의 마음처럼 간절한 것은 아마 없을 것이다. 나아가 부모는 자기의 자식들이 모두 성공하기를 간절히 바란다. 정약용은 아무리 편지를 보내서 공부하기를 강요해도 자식들은 꿈적도 하지 않았다. 그래서 직접 강진으로 데려와 가르쳐 그들을 변화시켰고, 이름을 남기게 하였다.

　　요즘의 아버지들은 자녀와 같이 생활하면서도 아이들의 공부를 잘 챙겨 주지 못한다. 바쁜 회사 생활을 핑계로 자녀교육은 엄마에게 거의 떠넘기다시피 하고, 엄마는 아이들을 학원이나 과외로 다시 넘기는 일은 당연한 풍조가 되었다. 그래서 '할아버지의 재력과 아빠의 무관심과 엄마의 정보력'이 아이의 성적을 결정한다는 우스갯소리도 들린다.

　　부모님이 아무리 바빠도 마음만은 자녀들이 잘되길 바라니 알아서 공부한다면 그것이 바로 효도가 되고, 자신의 성공을 가져온다.

05 천재는 노력하는 사람을
이길 수 없다

'일일부독서 구중생형극一日不讀書 口中生荊棘'라는 말을 아는가? 이 글은 안중근 의사의 필체가 좋고, 거기에다 독특하게 수인手印을 찍었기 때문에 강렬한 인상을 주는 글로서 기억되고 있을 것이다.

이 글에 대하여 일반적 해석을 할 경우에는 "하루라도 책을 읽지 않으면 입안에 가시가 돋는다."라고 하지만 사실은 "하루라도 책을 읽지 않으면 남을 중상모략하기가 쉽다."라는 의미이다. 현대적으로 해석해 보면 우리가 하루라도 책을 통하여 인격적 수양을 게을리하면 인격적 결함이 드러날 수 있다는 정도로 해석하면 좋은 글귀이다. 나아가 이 의미는 하루라도 공부를 하지 않으면 이상하게 느껴질 정도로 공부를 꾸준히 하는 습관을 길러야 한다는 것을 의미한다.

정약용의 제자 중에는 황상이라는 제자가 있었다.

황상은 강진 유배 시절 가르쳤던 정약용의 제자 중 가장 아끼고 사랑했다고 전해진다. 황상은 정약용이 강진에 처음 유배 와서 임시로 거처하던 강진의 주막집 골방에서 처음 스승과 제자로서 연을 맺었다.

황상은 정약용이 귀한 선생님이라는 소식을 듣고 찾아와 제자가 되기를 간청하였다. 양반이 아니어서 과거를 볼 수 없는 신분이었기에 정약용은 황상에게 시를 짓도록 가르쳤다. 정약용은 황상이 글을 배운 지 7일이 지나 한 권의 책을 주었다. 이때 황상은 자신은 머리도 좋지 못하여 둔하며, 막혀서 융통성도 없으며, 공부도 잘하지 못할 것이라고 책 받는 것을 꺼렸다. 이에 정약용은 면학문勉學文이라는 글을 지어 황상에게 주었다. 내용을 보면 다음과 같다.

"공부 좀 한다는 자들에게 세 가지 큰 문제가 있는데 너에게는 해당하는 것이 하나도 없구나.

첫째 외우기를 빨리하면 재주만 믿고 공부를 소홀히 하는 폐단이 있고, 둘째 글재주가 좋은 사람은 속도는 빠르지만 글이 부실하게 되는 문제가 있으며, 셋째 이해가 빠른 사람은 한번 깨친 것을 대충 넘겨 깊이가 없는 경향이 있다.

그러나 너같이 둔하면 구멍을 뚫으면 되고, 막혔으면 트면 되고, 잘 못하면 갈고 다듬으면 된다고 하였다. 따라서 부지런히 뚫고, 트고, 갈고 다듬으면 된다.”

정약용은 황상이 공부에 익숙하지 못해 변명하는 것을 보고 면학문을 주어 자신의 상황은 중요한 게 아니라 노력하면 될 수 있다는 신념을 심어주었다. 황상은 스승의 말을 마음에 새기고 뼈에 새기어 공부를 시작하였다.

공부를 시작한 지 1년 반이 지난 후에 지은 《설부雪賦》라는 시는 정약용을 놀라게 했으며, 이후 그가 지은 시가 흑산도에 유배된 정약전에게도 전해져 크게 감탄하였다고 전해지고 있다. 또한, 제주도에 유배가 있던 김정희도 소식을 듣고 유배에서 풀려나 서울로 오르던 길에 강진으로 직접 찾아가기도 하였다.

정약용은 자신의 책을 읽는 방법을 "독서백편의자현
讀書百遍義自見"이라고 하였다. 이 말의 뜻은 한 권의 책이나 글을
백 번 읽으면 그 뜻이 저절로 이해가 된다는 말이다. 정약용은
공부를 하다 모르면 계속하여 반복하여 읽었다. 그러다 보면 자
신이 알고 싶은 것을 깨닫게 된다고 한다. 그래서 정약용은 공부
는 개인의 머리가 좋고 나쁨이 중요한 게 아니라 열심히 하면
된다고 말한다.

우리는 모르는 것이 생겨도 그냥 넘어가거나 포기를 하게 되
는데 정약용은 모르면 무조건 백 번 읽는다고 생각하고 읽으면
이해가 된다고 하였다. 공부를 효율적으로 하는 방법은 바로 반
복적으로 노력하면 잘할 수 있게 된다.

06 공부는 평생 하는 것이다

어떤 사람은 공부를 하지 않고도 성공할 수 있다고 말한다. 역사 속에서 많은 공부를 하지 않았지만 성공한 사람들이 많다. 칭키즈칸, 에디슨, 빌게이츠, 정주영……. 너무나 많다. 그러나 이들이 성공하기까지의 삶의 과정을 보라. 처절할 만큼 자신과 싸우면서 지식을 쌓기 위하여 노력하였다.

단지 이 사람들은 성공의 수단으로 학교를 이용하지 않았을 뿐이지 남들보다 더 많이 공부하였고 피나는 노력으로 지식을 쌓은 사람들이다. 그리고 그들은 공부를 하기 싫어서가 아니라 학교를 다니기 어려운 삶의 역경이 있었기 때문에 공교육의 혜택을 제대로 받지 못한 사람들이 대부분이다.

그들은 못 배운 것에 대해 한이 맺혀 평생을 통해 더욱 열심히 배우려는 의지가 강한 사람들이었다. 또한, 알고 싶어 하는 지식을 얻기 위하여 독서를 생활화하였다. 정약용도 평생을 공부만 한 사람이다.

정약용은 벼슬길에 오르면서 어지러운 세상을 구원하고 굶주림에 고생하는 백성들에게 희망을 주고자 하였다. 그러나 세상은 정약용에게는 기회를 주지 않았을 뿐더러 유배를 명하였다. 오래된 유배 생활 속에서 정약용은 공부 이외에는 그 어떤 것도 할 수가 없었다.

생각이 바로 들면 자신을 버린 세상이 미웠으며, 자신의 능력을 버린 조정이 미웠을 것이다. 자신의 신세가 가련하고 절망스러워 병이 생겨 몸도 편하지 못했다. 정약용은 최악의 고독한 상황을 견디기 위해서는 모든 절망과 좌절을 공부로 돌릴 수밖에는 없었다.

공부하고 책을 쓰는 정약용은 자신의 저서들이 분명히 후세에 세상을 구원하고 백성들에게 희망을 줄 것이라는 일말의 기대를 가지고 있었다. 그는 유배지에서 학문에 대한 목이 타는 갈증과 절망적인 고독을 책 쓰는 것으로 승화하였다.

정약용이 공부하며 글을 쓰는 것에 대해 몰락한 양반 집안에서 그런다고 무슨 의미가 있겠느냐는 차가운 시선도 많았을 것이다. 정약용은 주변의 따가운 시선이나 비판에도 귀를 기울이지 않고 오직 한 가지 공부에만 집중하였다.

마침내 18년 만에 유배를 끝내고 고향에 돌아왔을 때 지금까지 자신을 업신여기고 멀리했던 학자들까지도 정약용의 학문적 업적에 찬사를 보냈다. 특히 자신을 유배 보냈던 노론의 학문적 거장 김매순이 정약용의 저서 《매산서평》을 읽고 놀라운 글이라는 서평을 보내오자 정약용은 자신의 노력이 헛되지 않음을 확인할 수 있었다.

정약용은 김매순의 서평에 대한 답 글로 "박복한 목숨이라 죽는 날이 머지않아 돌아왔는데 이런 유쾌한 일이 생겨 더 살고 싶다는 생각이 듭니다."라고 답하였다.

정약용은 오랜 절망의 세월 속에서 고통받아 온 것이 한 번의 인정으로 자신이 지금까지 살아 온 것이 후회되지 않았다. 정약용은 정당한 학문의 업적은 반드시 인정을 받는다는 교훈을 깨달았다. 정약용은 고향에 돌아와서도 계속 학문에 정진하였고 《흠흠신서》와 같은 명저를 집필하였다.

요즘의 학생들은 대학만 가면, 직장에만 취직하면 공부를 그만두는 경우가 많다. 한 일간지에서 설문조사를 했다. "중·고등학교 시절로 돌아간다면 제일 하고 싶은 일은 무엇인가?"라는 질문에 66.9%를 차지한 것은 "공부를 하고 싶다."였다. 이러한 원인은 사회에 나가 보니 비로소 공부가 제일 중요했던 것을 느꼈기 때문이다. 결국, 공부는 평생 해야 한다는 것을 의미한다.

오늘날처럼 과학 기술의 발전은 사회를 계속적으로 변화시키고 새로운 정보들을 매일 쏟아 내어 지식의 수명을 단축시키고 있다. 직업 생활 등에 있어서도 학교 교육으로 습득한 지식이나 기술만으로는 대응할 수 없게 되었다. 또한, 변화하는 사회에 적극적으로 적응하고 사회활동을 하기 위해서는 새로운 사회에 맞는 지식을 습득해야만 한다. 따라서 우리는 공부를 평생 할 수밖에 없는 환경이 되어 버린 것이다.

미래 시대에 생존하는 방법은 공부를 해야 하고, 공부를 통해서만 꿈을 이룰 수 있고, 미래를 행복하게 살 수 있다는 것을 깨달아야 한다.

07 자신의 잠재 능력을 사용하라

정약용이 남들과 다른 점을 찾아보면 그것은 바로 잠재 능력을 믿고 사용하였기 때문이다. 평범한 사람은 자신의 능력만으로 세상을 사는데 정약용은 자신의 잠재 능력을 무한하다고 생각하였다. 정약용은 사람의 능력이 무한하다는 생각을 가지고 있었기에 자신의 전공과는 상관없는 어려운 공학 분야의 거중기나 배다리를 만들었고, 《흠흠신서》나 《마과회통》과 같은 전문 의학 분야 공부를 시작하였고 책을 썼다.

잠재 능력은 나타나지 않고 내면화되어 있는 능력을 말한다. 인간은 무한한 가능성을 가지고 태어나지만, 그 능력 중에서 평생 5~10% 정도만 사용할 뿐이라는 사실은 이미 많이 알려져 있다. 뇌를 연구하는 사람들에 따르면 인류 역사상 뇌를 가장 많이 사용한 과학자 중의 한 사람으로 간주되는 아인슈타인도 10%를 넘지 못했다고 한다.

결국, 인간은 평생 5~10%의 능력만을 사용하고 나머지 90% 이상의 잠재 능력은 사장된다는 것이다. 모든 사람은 자신의 능력 중에서 빙산의 일각만을 사용한 채 세상을 떠나가기 때문에 이제까지 자신에게 주어진 잠재 능력의 한계점까지 도달한 사람은 아무도 없는 것이다. 이처럼 잠재 능력은 겉으로 드러나지 않고 속에 숨어 있는 힘을 의미한다.

정약용은 우리 역사에서 전무후무한 탁월한 능력을 가지고 있었고, 다방면의 지식을 가진 사람이라고 평가받는다. 평범한 사람들은 평생 살면서 단 한 권의 책도 제대로 남기지 못하고 세상을 떠나는데 정약용은 530여 권의 책들을 남겼기 때문이다. 그것도 한 분야의 책만 쓴 것이 아니라 여러 가지 분야의 책을 동시에 써나갔다.

정약용의 책을 쓰는 과정을 보면, 우선 책을 쓰기 전에 어떤 책을 쓸 것인지 목표를 세웠다. 그리고 책의 목적에 맞는 정보를 수집하기 위해 많은 책을 읽었다. 이렇게 수집한 정보를 다시 배열하여 체계적이고 유용한 지식으로 바꿔놓았다.

정약용은 널려 있는 사실들을 자신에게 필요한 자료로 가공하고, 그것을 지식의 보고인 책으로 만들어 내었다. 그는 평생 530여 권을 썼는데 이는 매년 평균 7권을 쓴 것이고, 본격적으로 책을 쓰기 시작한 20세부터 시작하면 매년 평균 10권꼴로 써 나갔다.

정약용이 저술한 책의 분량은 한 사람이 베껴 쓰기만 해도 5년 이상이 걸리는 분량이다. 똑같은 사람임에도 불구하고 평범한 사람에 비해 정약용의 뛰어난 능력은 어디서 나온 것일까? 바로 잠재 능력을 사용했기 때문이다.

잠재 능력은 평소에는 내재되어 있다가 위급한 상황에 부닥치면 나타나기도 한다. 예를 들면 평소에는 평범했던 주부가 아이가 트럭에서 사고를 당하자 트럭을 들어 올렸듯이 뇌도 순간적인 집중력을 가지면 평소보다 더 많은 잠재력을 사용할 수 있다.

이렇게 초인적인 잠재력이 왜 평소에는 나타나지 않는 것인가? 그것은 집중력이 없기 때문이다. 다급할 때는 오직 그 문세를 해결해야겠다는 강한 집중력이 있는 반면에 평상시에는 다양한 외부 환경에 의하여 집중력이 떨어질 뿐만 아니라 장애 요인까지 감안하기 때문에 잠재력은 고사하고 나타난 능력마저도 제대로 활용하지 못하는 경우가 있다.

따라서 자신의 잠재 능력을 발견하고 사용할 수만 있다면 원하는 목표에 도달할 수 있게 된다. 정약용은 자신이 강진에서 유배 생활하면서 언젠가 사약을 받고 죽을 수도 있다는 것을 알고 있었기에 1초라도 아껴서 글 쓰는데 몰두하기 위해 잠재 능력을 활용한 것이다.

그래서 정약용은 다양한 분야의 공부를 하는 동시에 여러 가지의 책을 기획하고 써 내려갔다. 그의 왕성한 작품 활동은 18년간의 강진 유배 생활의 고초 속에서 이룩된 것이다. 한 사람이 뜻을 세워 몰두하면 못할 일이 없다는 것을 그는 몸으로 실천해 보였다.

세상을 살아가는데 잠재 능력을 얼마나 사용했는지가 성공의 관건이 된다고 할 수 있다. 잠재 능력을 활용하기 위해서 중요한 것은 자신이 잠재 능력이 있다고 믿는 데서부터 시작한다. 그리고 자신의 잠재 능력을 활용해야 한다.

여러분들도 시험이 시작되기 전에 짧은 시간을 공부해도 시험 볼 때 기억이 잘 떠올라 시험을 잘 본 경험을 했을 것이다. 이유는 시험이라는 위급한 상황 때문에 자신도 모르는 사이에 잠재 능력을 활용하기 때문이다.

이처럼 잠재 능력을 활용하기 위해서는 자신을 위급한 상황에 놓여 있다고 생각하는 것이 필요하다. 내가 만약 공부하지 않아서 부모님이나 선생님에게 꾸중을 듣는다고 생각한다면 공부를 하게 될 것이다. 또한, 내가 공부를 하지 않아서 실패했을 때의 모습을 생각하면서 공부하는 것도 좋은 방법이 된다.

08 책 속에 길이 있다

정약용은 연암 박지원처럼 다른 나라에 가서 문물을 직접 경험한 사람이 아니다. 그럼에도 그가 남긴 학문적 업적은 동양과 서양, 옛날과 현재를 넘나든다. 어디서 그런 위대한 능력이 나올 수 있었을까? 정약용은 바로 독서의 힘이라고 말한다. 독서야말로 골방에 앉아서도 세상 돌아가는 이치를 한눈에 꿰뚫을 수 있는 최고의 비결이다.

정약용은 유배지에서 아들에게 편지를 자주 보냈는데, 편지 중에 이런 글이 있다.

"이제 가문이 망했으니 네가 참으로 독서할 때를 만났구나." 그러면서 "독서는 위로 성현과 벗을 할 수 있고, 아래로 뭇 백성을 깨우칠 수 있으며, 그윽하게는 귀신과 통할 수 있고, 밝게는 왕도와

패도의 방략을 터득하여 이 우주를 지탱할 수 있는 것이므로 부디 책을 손에서 놓지 마라."

정약용은 편지를 통해서 독서의 힘은 안 되는 일이 없으니 아들에게 독서하기를 당부하고 또 당부하였다.

정약용은 편지에서 공부를 잘하는 방법에 대해서도 적었다.

"책을 읽기 전에 반드시 학문에 뜻을 두고 먼저 근본을 확립해야 한다."라고 하였다.

'학문에 뜻을 두고'라는 의미는 책을 읽기 위해서는 먼저 뚜렷한 독서의 목표를 정하는 것이라는 것이다. 즉 정약용처럼 책을 읽고 책을 써야겠다는 목표를 가지고 읽어야 책을 읽어도 남는 것이 있다. 그냥 아무 목표 없이 책을 읽어서는 남는 것도 별로 없다는 것을 의미한다.

또한, '먼저 근본을 확립해야 한다'에서 근본이란 부모에 대한 효도와 형제에 대한 우애를 말한다. 따라서 공부는 효도와 우애가 확립되어야만 학문이 자연스럽게 몸에 배어들어 넉넉해진다는 것이다.

결국, 우리가 독서를 잘하기 위해서는 기본적으로 가정에서는 효도와 우애가 넘쳐야 하며, 그것을 바탕으로 뚜렷한 목표를 가져야만 한다는 것이다.

또한, 정약용은 "책을 읽을 때에는 한 글자를 볼 때마다 그 의미를 분명하게 알지 못하는 곳이 있으면 널리 고찰하고 자세히 연구해서 그 근본을 터득하고 따라서 그 글의 전체를 완전히 알 수 있어야 한다."라고 했다.

실제로 정약용은 책을 읽으면서 글자가 가지고 있는 깊은 뜻을 음미하면서 중요한 부분은 따로 메모하는 정독을 하였다. 이 같은 정독의 습관을 통해 정치, 경제 분야의 명저를 집필할 수 있었다.

TIP

독서는 자신의 사상의 집을 짓는 것과 같다. 집을 지을 때 기초를 탄탄히 다져야 하듯이 내 사상의 집을 짓는 독서 또한 굳건하게 바닥을 다져야 하는 것은 두말할 필요가 없다. 그리고 그 위에 건물을 받칠 튼튼한 기둥을 세워야 한다. 그래야 그 집이 오랜 세월 비바람에도 흔들리지 않고 오래갈 수 있기 때문이다. 그러므로 독서를 할 때는 서둘러서는 안 된다. 빨리 읽으려고 욕심을 내면 그 속에 숨은 보물을 제대로 발견할 수 없다. 요즘 부모들은 자녀들에게 책을 빨리빨리 읽으라고 하거나 공부도 빨리빨리 하라고 강요하는 경우가 많다. 하지만 그렇게 해서는 독서나 공부의 효과는 높아지지 않는다.

따라서 책을 잘 읽기 위해서는 '왜 책을 읽어야 하는지', '독서를 통해 얻고자 하는 것이 무엇인지', 독서의 동기와 목표를 갖는 것이 중요하다. 그런 의미에서 정약용이 정독을 권한 이유를 마음속에 더 깊이 새겨야 하겠다.

09 공부를 잘하려면 몰입하라

정약용은 생전에 530여 권의 책을 집필한 것으로 유명하다. 모든 작품이 다 주옥같지만 그중에서도 대표작을 꼽으라고 한다면 후세 사람들은 1표表 2서書와 《마과회통》을 꼽는다. 1표表 2서書란 《경세유표》, 《목민심서》, 《흠흠신서》를 꼽는데 이는 사회에 얼마나 기여를 했는가로 평가를 한 것이다. 그러나 만약 정약용 자신에게 대표작을 꼽으라면 《주역사전周易四箋》을 꼽을지도 모른다.

정약용은 《주역사전》을 집필하고 나서 두 아들에게 "내가 《주역사전》을 집필한 것은 하늘의 도움으로 얻은 것이지 결코 사람의 힘으로는 할 수가 없는 것이었다."라고 집필 과정의 어려움과 자부심을 표현하였다.

정약용은 《주역사전》을 집필하기 위해 유배 중에 11년 동안 몰입하였다. 정약용의 절친했던 친구 윤영희尹永僖에게 보낸 편지를 보면 정약용은 《주역사전》을 집필하기 위해 다른 일은 다 거두어치워 놓고 오로지 《주역》만을 마음속에 가다듬고 깊이 생각하며 밤을 낮으로 삼았다."라고 하였다. 그리고 "눈으로 보는 것, 손으로 잡는 것, 입술로 읊조리는 것, 마음으로 사색하는 것, 필묵으로 적는 것에서부터 밥상을 대하고 변소에 가고 손가락을 퉁기고 배를 문지르는 것에 이르기까지 그 어느 것 하나 《주역》 아닌 것이 없을 정도였다."라고 할 정도로 《주역》에 몰입했다.

정약용은 굳이 《주역사전》을 집필하는 데만 몰입한 것이 아니라 인생 자체가 몰입의 연속이었다. 정약용은 530여 권의 책을 집필하기 위하여 모든 것을 버리고 오직 집필에만 집중하였다. 그래서 책을 쓰다 보니 복숭아뼈가 세 번이나 보여서 아플 때는 일어서서 글을 썼다고 할 정도로 글을 쓰는 일에 몰입하였다.

결국, 정약용이 오늘날처럼 성공하게 된 것은 책을 집필하는 데에 완전히 몰입하였기 때문이라고 할 수 있다. 정약용처럼 자신의 분야에서 비범한 업적을 이룬 사람들에게도 몰입은 공통적으로 가지고 있는 성공의 요소다. 결국, 성공은 몰입을 얼마나 실천하느냐의 차이라고 할 수 있다. 책을 붙들고 있는 시간이 많다고 지식이 축적되는 것이 아니고, 성공하고 싶다고 해서 마음만 갖는 것이 아니라 성공하기 위해서는 성공하는 일에 몰입해야 한다. 몰입을 체험하지 못해 본 사람은 몰입의 의미를 잘 모른다. 몰입이란 하나의 문제에 집중하여 자신의 잠재력을 모두 집중하는 것을 말한다. 따라서 성공하려면 단순히 노력만 많이 하는 것이 중요한 것이 아니라 어떻게 노력하느냐가 중요하다는 것이다.

사람이 몰입하게 되면 자신의 잠재 능력을 발견하게 뇌어 몰입하시 않을 때보나 너욱 많은 걸실을 볼 뿐만 아니라 시간적으로도 여유 있는 삶을 살 수 있다. 보통 사람은 평생을 살면서 단 한 권의 책도 쓰지 못하고 죽는 일이 대부분인데, 정약용은 평생 읽기도 힘든 530여 권의 책을 남길 수 있었던 것은 바로 몰입으로 인해 남들보다 많은 시간을 활용할 수 있었기 때문이다. 이러한 경험은 우리도 실생활에서 가끔 느끼는 것이다.

공부에 몰입한 나머지, "아니 벌써 잘 시간이야!" 할 정도로 시간이 아주 빨리 지나가거나, 같은 시간을 보냈는데도 다른 때에 비하여 놀라운 결실을 거둘 때가 있다.

이러한 경험들을 통해서 얻은 위대한 성취감을 습관적으로 느끼다 보면 그것이 모아져서 어떤 일을 하든지 쉽게 몰입의 경지에 빠질 수 있게 된다. 몰입은 똑같은 시간을 살아도 결과를 다르게 하는 마술적인 요소를 가지고 있다. 우리 다 같이 원하는 목표가 있다면 몰입의 기쁨을 누려 보자.

10 지식을 체계화하려면 책을 써라

정약용이 책을 쓰는 데는 여러 가지 이유가 있었다. 자신의 뜻을 세상에 남기려는 원대한 목표도 있었지만 학문에 정진하면서 그것을 체계화하고 싶은 욕구도 있었다. 또한, 정확한 목표를 갖지 않고 책을 읽게 되면 남는 것이 없게 되고, 저술이나 편집의 목적을 가지고 책을 읽으면 정확한 목표 의식을 가지고 읽기 때문에 지식의 체계화가 이루어질 뿐만 아니라 지식을 쌓아갈 수 있었다. 따라서 정약용의 독서는 책을 읽기 위한 독서라기보다는 책을 쓰기 위한 독서가 더욱 많았다고 할 수 있다.

정약용의 책을 쓰는 방법에 대하여 알게 되면 저술의 방대함과 정밀함을 넘어서기란 쉽지 않겠지만, 평범한 사람도 죽기 전에 책을 한 권 정도는 남길 수 있다는 희망을 가질 수 있다.

정약용의 저술 방식을 보면 크게 저술서와 편집서로 나뉜다. 저와 술, 그리고 편과 집 사이의 구분에는 정약용 자신의 의견이 개입된 정도에 따라 미묘한 저울질이 있었다. 이들 사이의 차이를 지금에 와서 명확하게 나누어 말하기는 어렵다. 다만 책의 성격에 따라 의미를 가늠해 보면 대략 다음과 같은 구분이 있었다.

책은 크게 저서와 편집으로 이루어진다. 저서는 자신의 주장이나 견해, 풀이나 해석 등으로 자신의 견해를 적은 것으로 창작적인 의미가 포함되어 있으나 편집은 다른 사람들이 쓴 자료를 모아 질서 있게 한데 모은 것을 말한다. 저서는 다시 저著와 술述로 나누고, 편집은 편編과 집輯, 그리고 편차編次로 나눈다.

정약용은 거의 대부분을 자신이 직접 집필하기도 하였지만 강진에서는 두 아들의 도움과 제자들의 도움으로 편집에 박차를 가하기도 하였다. 정약용은 목표와 지침만 내리면 자식들과 제자들이 정리한 것을 가지고 내용을 감수하고 서문을 얹어 책으로 묶었다.

정약용의 능력은 지식을 편집하고 경영하는 안목에 있었다. 자식들과 제자들은 정약용의 지도 아래 정리하는 습관을 익히고 핵심을 파악하는 역량을 기르며, 책을 쓰는 요령을 습득해 나갔다. 나중에 자식이나 제자들은 독자적으로 자신을 위한 책을 써낼 수 있었다. 이들이 자주 사용한 방법은 널려 있는 정보를 수집하거나 배열해서 체계적이고 유용한 지식으로 탈바꿈시킨다는 것이다.

따라서 책을 쓴다고 해서 처음부터 끝까지 자신이 전부 쓸 수도 있지만 편집 같은 경우는 자료를 모아서 정리하거나 질서를 부여하는 일은 누구나 할 수 있다.

〈표〉 정약용의 저서에 대한 분류

구분		내용	관련 저서
저서	저著	자신의 주장이나 견해를 적은 것	《시경강의》, 《시경강의보》, 《매씨서평》, 《춘주고징》, 《악서고존》, 《중요자잠》 등
	술述	경전의 의미를 풀이하고 해설한 것	《상서지원록》, 《주역사전》, 《역학서언》, 《상례외편》, 《상례가식》, 《대학공의》 등
편집	편編	산만하고 복잡한 자료를 편집하여 질서를 부여한 것	《상서고훈》, 《목민심서》 등
	집輯	여러 사람의 견해나 흩어진 자료를 한데 모아 정리한 것	《어고금주》, 《맹자요의》, 《소학주천》, 《아학편》 등
	편차 編次	주제별로 엮어 차례를 매긴 것	《상례사전》

따라서 저서를 남기기는 어려워도 적어도 편과 집에 해당하는 저작은 남길 수 있다. 일반적으로 책을 읽을 때 사람들은 중요한 대목을 만나면 밑줄을 긋거나 다른 노트에 옮겨 적는다. 이렇게 책을 읽다 보면 많은 양이 쌓이게 되고, 이러한 중요한 내용들을 검토해서 자신이 목차를 정해서 내용들을 나열하면 책이 된다.

《지봉유설》은 지봉 이수광이 책을 읽으면서 그때마다 중요한 내용을 초서 해둔 것을 모아 주제별로 분류해서 자신의 설명을 덧붙인 것이다. 유설類說이란 바로 글을 모아서 비슷한 것끼리 모아 놓은 것이란 뜻이다. 이익의 《성호사설》도 마찬가지로 평소에 알게 된 내용과 제자들과 대화한 내용을 조카들이 특정 주제로 묶어 놓은 것이다. 사설僿說은 체계적이지 않고 자질구레해서 별 볼 일 없는 설명이라는 뜻의 겸손함을 담은 표현이다.

책을 쓴다는 것은 해보지 않은 사람에게는 어려운 일이다. 그러나 책을 쓰려는 목적을 갖게 되면 책을 읽고 얻어지는 것에서도 차이가 있으며, 목적을 달성하게 되면 자신의 이름으로 된 책을 가지게 된다.

책을 쓴다는 것은 거창하게 이름을 남기는 일도 있지만 공부에도 도움이 된다. 공부할 때 눈으로 기억하거나 읽기만 할 것이 아니라 나름대로 줄거리를 요약하고 자신의 느낌을 적거나 분석한 결과를 모으면 그것이 책이 된다. 이처럼 줄거리를 요약하고, 느낌을 분석하게 되면 읽은 내용들에 대해서 오랫동안 체계적으로 기억할 수 있어서 시험볼 때 특별한 공부를 하지 않아도 장기 기억으로 저장되어 도움이 된다.

03

미래를 예측하라

미래를 예측하라

정약용의 삶을 살펴보면 다분히 미래를 예측하는 능력이 있었음을 알 수 있다.

정약용은 미래를 정확히 읽어야만 조선의 미래가 있다는 것을 알고 있었다.

그래서 정약용은 학문과 실생활에 이르기까지 어느 것 하나 변화를 지향하지 않은 것이 없었고 결코 현재에 안주하지 않았다.

200여 년 전 이미 정약용은 "국가 정책은 100년을 내다보면서 마련하고 시행하라."라는 말을 했다. 정약용은 《경세유표》를 통해 미래를 위해 세상의 변화를 요구했다.

미래를 보는 눈은 우선 많은 것을 아는 것에서부터 시작한다. 많은 정보와 지식을 가지면 미래가 어찌될 것인지 읽을 수 있는 눈을 준다.

정약용은 많은 책을 읽고, 자신의 경험을 바탕으로 미래를 예측했다.

정약용은 현실에 뿌리를 박고 있었지만 미래를 지향했다.

오늘날처럼 한 치 앞을 내다볼 수 없는 시대에 정약용의 미래를 정확히 보는 눈이 필요한 때이다.

01 지식을 관리하면 미래가 보인다

정약용은 유학자로 멈추지 않고 경학자, 예학자, 행정가, 교육학자, 사학자, 인문학자, 토목공학자, 기계공학자, 실학자, 지리학자, 의학자, 법학자, 문예비평가의 역할을 수행하였다. 정약용을 통해서 사람의 능력은 무한하다는 것을 깨달을 수 있다. 보통 사람들은 태어나서 한 가지도 제대로 완성하지 못하고 사는데 정약용은 살면서 많은 분야의 일을 실천했기 때문이다. 그것은 자신이 알고 있던 지식을 관리했기 때문에 가능한 일이었다.

정약용은 여러 방면으로 학식이 넓었지만 지식 관리도 잘했다. 지식 관리를 위해서 그는 책을 썼다. 정약용은 평생 530여 권의 책을 집필하였는데, 이는 일반인이 베껴 쓰는 데만도 5년은 족히 걸리는 작업이라고 한다. 물론 그의 작업에는 두 아들과 제자들의 도움이 있었지만 정약용의 지도 아래 이루어진 일이었다. 정약용은 평범한 현실 생활에서도 지속적인 집필을 하였지만, 오히려 강진의 유배 생활과 같이 처절한 좌절과 척박한 작업 환경 속에서도 더욱 다양한 분야에 대하여 집필을 하였다.

정약용은 생활 속에서 자신이 가진 지식을 최대한 관리하여 최대의 효과를 내려고 하였다. 실제로 수원 화성을 건축하면서 수레에 가득 실어도 넘칠 지경이던 많은 서류를 정약용은 단 한 장의 도표로 일목요연하게 정리해 정조의 입을 다물지 못하게 하기도 하였다. 그래서 정약용을 지식 관리자라고 부르기도 한다.

일반적으로 전문가라고 하는 사람들은 자신이 가진 전문성이라는 고정 관념 때문에 새로운 생각을 하기도 어렵고, 그 틀을 버리지 못하기 때문에 발전을 기대할 수 없다. 정약용은 자신이 학자라는 전문성을 바탕으로 다양한 지식을 습득하여, 그 지식들을 분산하고 융합하는 등 자신의 지식 경영을 통해 일반인들이 이루기 어려운 업적들을 이루어 낸 것이다.

21세기는 지식정보화 사회로서 지식이 사회를 지배하고 지식은 곧 부나 권력이 되는 사회가 되었다. 정보를 가진 사람이 부자가 되고, 정보를 가진 사람이 권력이 되는 시대가 되었다. 지식은 자고 나면 몰라볼 만큼 빠르게 증가하고 변화하지만 이러한 지식을 어떻게 효율적으로 통합·관리하고 활용하느냐에 따라 가치 있는 지식이냐 아니냐를 결정하게 된다.

따라서 지식을 관리한다는 것은 주변에 널려 있는 지식들을 나의 발전을 위해서 사용할 때 비로소 지식은 가치를 갖게 되는데, 이러한 능력을 바로 지식 관리라고 한다. 정약용은 자신이 가진 지식을 기본으로 자신이 속한 사회와 후세를 위하여 관리한 것이다.

정약용은 현실 세상에서는 자신의 지식을 인정해줄 곳이 없어서 책을 통해 미래의 후손들에게 자신의 지식을 남기고 싶었다. 결국, 정약용은 지식의 관리를 통해 미래를 예측한 것이다. 정약용이 알고 있는 다양한 지식을 관리하다 보니 미래 시대의 변화가 어떻게 다가올지 예측할 수 있는 힘을 갖게 되었다.

스마트폰은 본래의 전화 기능에서 시작하여 게임기, 정보검색기, 리모콘, 기록기, 사진기, 카메라 등 이루 말할 수 없을 만큼 다양한 곳에서 사용되면서 스마트 혁명이라고 한다. 이러한 변화와 기술의 발전은 과거의 전화와 컴퓨터를 만들던 지식을 결합하고 통합해서 새로운 지식으로 만들어진 것이다. 결국 자신이 가진 지식을 어떻게 경영하느냐에 따라서 사회를 변화시킬 수 있을 만큼 가치 있는 지식이 되느냐, 가치 없는 지식이 되느냐를 결정한다고 할 수 있다.

우리가 살고 있는 이 시대는 알고 있는 지식이 중요한 것이 아니라 우리가 알고 있는 지식들을 효율적으로 통합·관리하고 활용하는 것이 중요한 시대가 되었다. 정약용은 비록 조선 시대라는 과거의 인물이지만, 미래를 내다보고 미래 사회에 살아남기 위해서는 자신이 가진 지식을 경영할 수 있도록 자신이 가진 지식을 효율적으로 통합·관리하고 활용하는 방법을 몸소 실천하면서 우리에게 교훈을 주었다. 지식을 경영하는 것이야말로 날로 치열해지는 경쟁 시대를 살아갈 활로를 찾아줄 뿐만 아니라, 미래에 살아남는 방법을 깨닫는 노하우라는 것을 명심하자.

02 아는 것을 합치면
새로운 것이 만들어진다

정약용은 학문에 대한 호기심이 왕성해서 항상 새로운 것에 대해 연구하였다. 그는 당시 서학서양의 학문, 즉 천주교에 대한 동경도 호기심 차원에서 배우려고 하였지만 당시 분위기는 그를 이해해 주지 않았다.

정약용은 서양이나 중국에서 들어오는 각종 지식이나 문명을 보고 그것을 우리의 것으로 새롭게 만들려는 노력을 아끼지 않았다. 정약용에게 있어서 지식의 융합은 새로운 에너지 탄생과 창의력의 원천이었다.

두 개의 물줄기가 만나 하나의 굵고 거센 물줄기가 되듯이, 여러 지식이 만나 또 다른 새로운 지식을 만들어 냈다. 그가 가진 풍부한 학문적 지식과 경험이 만나 더 큰 실학으로 만들어졌다. 그는 항상 새로운 지식을 얻게 되면 그것을 자신이 가지고 있는 경험이나 과거의 지식과 합쳐 새로운 것을 만드는 습관을 가지고 있었다. 정약용이 만든 거중기, 배다리, 유형거와 수많은 저서가 이를 보여주고 있다.

조선 시대까지는 당시의 기술력이 부족하여 우리나라의 넓은 강에는 다리를 설치하지 못하였다. 그래서 넓은 강을 건너려면 나루터까지 가서 나룻배로 강을 건너다녀야 했다. 폭이 넓은 강에 다리를 설치하기 위해서는 나무나 돌로 다리를 가설하던 당시의 기술로는 불가능하였다.

당시 다리를 설치하지 않은 것은 이러한 기술 부족도 원인이었지만 적의 침략에 소극적인 방어 전략으로 강을 사용하였기 때문이다. 당시에는 적에 대항할 충분한 국방력을 갖추지 못했기 때문에 강에 일부러 다리를 설치하지 않고 소극적인 방어 전략을 사용했던 것이다.

이러한 상황에서 강과 같은 천연적인 방어 수단에 다리를 놓는다는 것은 자칫 이적 행위가 될 수도 있어 적극적으로 다리를 놓지 않았다. 그래야 시간을 벌어 다른 나라에 원병을 청하기도 하고 또 임금이 안전한 곳으로 피난할 수 있었기 때문이다.

강에 다리를 상시적으로 놓지는 않았지만 임시적으로 놓는 경우는 역사 속에 여러 번 있었다. 이렇게 임시적으로 놓는 다리를 주교

舟橋 또는 배다리라고 한다. 배다리라는 것은 배를 엮어서 그 위를 다리처럼 만드는 것을 말한다.

우리 역사를 보면 주교의 역사는 고려부터 시작한다. 조선 시대에 들어서는 이성계가 요성을 공격할 때와 위화도 회군 때 주교를 가설하기도 했다. 또한, 연산군은 청계산에 사냥을 하기 위해 민선民船 800척을 동원, 한강에 다리를 가설하여 원성을 사기도 하였다.

정조 때에 와서 배다리 설치 기술은 더욱 발전되어 정조의 아버지인 사도세자의 묘를 현 동대문구 배봉산에서 수원의 화산으로 이장할 때 행차에 필요한 배다리를 한강에 설치하고 자주 이용하게 되었다.

정조는 영릉을 참배할 때나 온천에 갈 때 큰 배와 작은 배 400~500척을 징발하여 노량진에서 광나루에 걸쳐 곳곳에 배다리를 놓았다. 배는 한강 언저리와 지방에서 징발하였다. 배다리를 만들 때 일어나는 부정과 폐단을 없애기 위해 정약용은 배다리 만드는 방법을 새롭게 고안했다.

정조는 배다리를 설치하기 위해 주교사라는 관청을 설치하고 정약용에게 관리하도록 하였다. 정약용은 배다리에 관련된 자료와 역사에 대해 공부하여 배다리의 설치 절차와 방법을 상세하게 기록한 《주교사절목》을 제정하였다.

《주교사절목》에는 민간 배의 징발을 중지하고 훈련도감 소속의 배와 포구에 있는 배만을 동원해 배다리를 놓고 배의 주인에게 일정한 수고비를 지급하도록 하였다. 또한, 배다리 놓는 곳을 노량진과 광나루 두 곳으로만 한정했다.

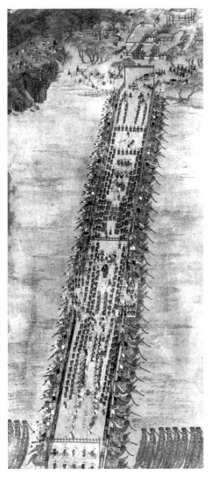

| 배다리 의궤도

정약용이 만든 배다리는 작은 배로 만들려면 400~500척이 필요했지만, 큰 배만을 동원하여 배다리를 완성하는 데 50여 척 정도만 필요하게 되었다. 그뿐만 아니라 풍향기 72개 등 배에 달 깃발의 수도 지정하였다. 그리고 임금이 행차할 경우에는 깃발 150여 개를 달도록 하였다.

당시 기록을 보면 정조가 창덕궁을 나설 때 임금이 탄 가마의 전후좌우에 호위군사가 늘어섰고, 그 뒤에는 벼슬아치들과 상궁들이 탄 말이 뒤따르고, 피리를 불어 대는 고적대와 말 위에서 재주를 부리는 군인들의 대열이 연이어졌다. 배다리의 배를 조절하는 군사만도 1,000여 명이나 되었다. 경우에 따라 다르기는 하나 행차에 최고 1만여 명이 동원되기도 했다. 행렬은 장관을 이루어 수많은 사람이 길가에 나와 이 행차를 구경하면서 감탄을 연발했다고 한다.

TIP

배다리가 놓였던 바로 그 부근에 오늘날 우리가 이용하는 최초의 근대적 교량인 한강철교와 한강대교가 건설되었다는 것은 결코 우연이 아니라고 할 수 있다. 정약용이 해박한 지식을 바탕으로 정조가 쉽게 강을 건널 수 있는 방법을 고안한 것이 배다리다. 그리고 백성에게 민폐가 되지 않도록 주교사를 설치하고 배다리를 효율적으로 관리하도록 하였다.

정약용의 배다리는 다리가 필요하다는 분석력을 바탕으로, 백성에게 피해를 주지 말아야 한다는 합리성과 노량진에서 광나루에 다리를 설치하는 것이 가장 좋다는, 미래를 내다보는 눈으로 만들어진 것이다.

정약용은 어떤 일을 하든지 지금까지 알고 있던 자신의 지식을 합치다 보면 새로운 것을 만들 수 있을 뿐만 아니라 미래를 예측할 수 있다고 하였다.

03 우리의 역사를 지켜라

　　요즘 한국에서 국사는 선택 과목으로 지정되어 있어서 우리나라 청소년들이 우리의 역사를 제대로 아는 학생이 적은 것이 사회문제가 되고 있다. 우리나라에서는 국사가 선택 과목인 것과 달리 우리의 주권을 뺏어갔던 일본은 국사 교과서를 통하여 태평양 전쟁이나 조선을 강점한 것에 대해 합리화하는 작업을 하고 있다. 더욱이 북한과 국경을 나란히 하고 있는 중국은 지난 2002년 2월부터 '동북공정'을 진행하면서 국사 교육을 강화하고 있다.

　　'동북공정'이란 중국의 국경 안에서 이루어진 모든 역사는 중국의 역사이므로 고구려와 발해의 역사 역시 중국의 역사로 간주, 편입하려는 정책을 말한다. 중국은 동북공정을 통해 발해는 물론 고구려의 역사와 한강 유역까지의 영토를 아우르는 국가의 역사가 자기들 것이라고 주장하고 있다.

처음 동북공정을 시작한 목적은 우리나라가 통일 이후 간도와 만주 영유권을 주장할 경우를 대비해 만들어 놓은 것이지만, 지금에 와서는 북한이 무너질 경우 북한 영토의 영유권을 주장하기 위해 진행하고 있다는 것이다. 이로 인해 한국과 중국 간 외교 문제로 비화되기도 하였으며 지금도 신경전을 벌이고 있는 부분이다.

우리는 지금 일본이나 중국에 의해서 왜곡된 역사를 바로 잡는 노력이 절실히 필요한 시점이다. 더 우리의 역사를 방치하다 보면 결국은 남의 나라 역사가 될 수도 있고, 우리 영토가 남의 나라의 영토가 될 수도 있다. 정약용은 이러한 미래를 내다보았는지 유학자이면서도 역사책을 기술하여 우리 역사를 바로 잡는 노력을 하였다.

조선 시대의 경우 교육의 내용은 주로 중국 것이 대부분이었다. 특히 성리학은 물론이고 사서삼경 등이 모두 중국의 것이었다. 그 결과 국학, 특히 국사는 도외시될 수밖에 없었다. 정약용은 우리 것을 무시하고 중국 것만을 찾는 세태에 대해 국사가 중요하다는 것을 알리기 위해 《아방강역고我邦疆域考》를 지었다.

《아방강역고》는 강진에서 유배 생활의 아픔을 달래며 우리나라 영토의 역사를 각종 문헌에서 기록을 뽑아, 사실이 맞는지를 확인하여, 자신의 견해를 첨부하여 만든 책이다.

12권 4책의 《아방강역고》는 우리나라와 관련된 30개 분야의 옛날 역사와 지리를 함께 기록한 책이다. 이 책은 원래 초벌 원고 형태로 10권이 전해 오다가 1903년 장지연이 모자란 내용을 더 보태어 《대한강역고大韓疆域考》로 책명을 바꾸어 다시 발행하였다. 이후 1936년에는 정인보가 수정하여 4권으로 다시 만들었다.

1권에는 한나라 무제가 위만 조선을 치고 그 땅에 세운 낙랑, 임둔, 현도, 진번의 역사와 우리나라 남쪽에 있던 삼한인 마한, 진한, 변한의 역사를 다루고 있다.

2권에는 옥저, 예맥, 말갈, 발해 등의 역사를 다루고 있다.

3권에 졸본, 국내, 환도, 한성, 위례의 역사를 다루고 있다.

4권에 발해, 서북로 연혁, 북로 연혁 등의 추가 역사를 다루고 있다.

책의 마지막에는 본문에 나오는 역사적인 인물 526명과 책을 쓰기 위해 본 책 68종의 제목이 간략한 해설과 함께 실려 있다.

《아방강역고》는 역사적 사실을 놓고 자신의 의견을 적은 것이기 때문에 정약용 실학 정신을 확인하는데 좋은 작품이라고 할 수 있다. 정약용은 역사적인 사실이 잘못되거나 정확하지 못한 부분에 대해서는 조목조목 자신의 견해를 추가하여 역사를 올바로 잡으려고 하였다.

역사에 대한 관심이 높았던 정약용은 과거시험 과목에도 국사를 포함시켜야 한다고 주장했다. 그리고 사서의 시험에서 삼사와 국사의 평점을 1점도 얻지 못한 사람은 시험에 응시할 자격을 박탈해야 한다고 주장하기도 했다.

정약용은 우리의 역사에 대해 주인의식을 갖지 못하고 중국의 입장에서 《삼국사기》를 지은 김부식의 잘못도 지적하였다. 김부식이 당시에 큰 나라인 중국의 사서 《괄지지》를 무조건 따라서 책을 쓴 것은 잘못이라고 꾸짖었다. 정약용이 만약 살아 있다면 우리들에게 역사를 올바르게 인식하라고 주문할 것이다.

오늘날 일본은 독도의 영유권을 주장하는 수준이 점점 강해지고 있다. 정약용이 살아 있었다면 아마도 엄하게 일본을 꾸짖었을 것이다. 또한, 정약용은 우리들에게 우리 역사를 지키라고 했을 것이다.

스티브 잡스는 "모든 순간은 미래로 연결되어 있다."라고 했다. 우리의 과거는 우리의 현재와 미래를 만드는 원동력이다. 따라서 우리의 과거 역사를 올바로 지켜야 나중에 우리의 희망찬 미래가 될 것이다.

04 옛것을 본받아 새것을 만들라

최근에 '법고창신法古創新'이라는 말이 널리 사용되고 있다. 옛것을 기본으로 새로운 것을 창조한다는 뜻이다. 《열하일기熱河日記》로 잘 알려진 북학파의 거두 연암 박지원은 "옛것을 본받는 사람들은 옛것에 구속되어 벗어나지 못함을 근심하고, 새로운 것을 창조하는 이들은 그것이 정상적이지 않음을 걱정하였다."라고 하였다.

'법고창신'과 비슷한 말이 있다. 바로 '온고지신'이다. '법고창신'은 옛것을 본받아 새것을 창조해 내는 것을 말하고 '온고지신'은 옛것을 익혀 새것을 아는 것을 말한다. 창조와 아는 것의 차이라고 할 수 있다. '온고지신'은 아는 것으로 끝나지만 '법고창신'은 새롭게 만든다는 데서 차이가 있다.

우리 역사 속에서 법고창신을 실천한 사람은 많다. 그중에서 고려 말 친원 정책을 비판하고 친명 정책을 주장하다 유배당했던 정도전은 법고창신의 대표적인 사람이었다.

정도전은 고려에서 여러 관직을 거쳤지만 자신의 능력에 비해 고려가 자신을 인정해주지 않아서 1383년 이성계를 찾아가 그의 오른팔이 되었다. 정도전은 이성계를 도와 조선을 건국하였다. 이성계의 권력 장악 과정에서 정도전은 자신이 고려의 관리로서 재직한 경험을 바탕으로 수많은 아이디어를 내어 큰 공을 세웠다.

정도전은 조선 건국 후에도 자신이 경험한 고려 조정의 경험을 바탕으로 경제 개혁 및 정치 개혁, 각종 제도의 법제화에도 큰 기여를 했다. 그는 정치 · 경제 · 철학 · 역사 · 병법 · 의학 · 문학을 넘나드는 넓은 지식과 경륜을 담은 수많은 책을 남겼다. 그리고 조선의 현실에 맞는 전술을 개발해 군사를 훈련하고, 권력 투쟁에 이용되던 권세가들의 사병을 없애고 국가의 공병으로 만들려 했다.

정도전은 고려 역사를 최초로 정리했다. 또한, 조선 왕조의 방향과 지금의 서울인 한양을 설계하였다. 정도전이 성공할 수 있었던 것은 고려에서 여러 가지 관직을 두루 거치면서 많은 경험을 바탕으로 조선의 기틀을 세웠기 때문이다. 만약 조선 건국에 정도전이 없었다면 건국 자체가 되지도 못했을 뿐만 아니라 조선이 자리를 잡는데도 많은 시간이 소요되었을 것이다.

당시 정조는 당파 싸움으로 왕권이 약하고 조선이 기울어 가는 것을 가슴 아파했다. 정조는 기울어 가는 조선을 바로 세우려고 노력하였다. 정조는 조선을 부흥하기 위하여 옛것을 바탕으로 새로운 것을 만들려는 노력을 하였다. 그래서 규장각에 옛 임금의 기록들을 찾아 모았을 뿐만 아니라, 여러 자료들도 빼곡하게 구해다 놓았다. 모아 놓은 책이 무려 3만여 권에 이르렀다.

당파가 아닌 학문으로 세상을 다스리려는 정조의 신념에서였다. 규장각에는 역대 왕들의 기록에서부터 학자들의 지식을 적어 놓은 책, 대동여지도 같은 지도와 행사를 자세하게 적어 놓은 의궤들, 실학자들의 실용서에 이르기까지 규장각의 자료들은 당대 최고의 보물들이었다.

정조는 하고 싶은 것이 있으면 정약용에게 책을 주고 연구하게 하였다. 정약용은 정조가 준 책을 바탕으로 우리의 것을 새로 만드는 작업을 하였다. 그리하여 만든 것이 거중기이며 배다리다. 정약용이 가진 창의성은 정조가 제시해준 과거의 책을 통해서 새롭게 만들어질 수 있었던 것이다. 정약용은 법고창신을 실천한 것이다.

그러나 정조가 죽고 나서 규장각의 도서를 통해 새로운 것을 만들려는 정신을 잃어버렸기 때문에 기록은 그냥 종이뭉치에 불과하게 되었다. 훌륭하고 찬란한 기록 문화를 가진 조선이 역사 속에서 사라질 수밖에 없었던 것은 법고창신의 정신을 잃어버렸기 때문이다.

정약용이 살았던 시대는 어려운 시대였다. 정치는 어지러웠고 사회는 법도가 무너졌을 뿐 아니라 일본과 중국은 물론 서구 열강이 호시탐탐 침략하려고 하였다. 서양 문물이 하나둘 들어오면서 동양의 조그만 나라인 조선은 더욱 혼란스러울 수밖에 없었다.

조정은 현실에 안주하려는 기득권 세력과 변화를 통해 새로운 미래를 열고 싶어하는 개혁파 사이의 팽팽한 줄다리기가 계속되면서 나라의 운이 기울어 가고 있었다.

이러한 와중에 현실을 외면하지 않고 변화를 꾀하며 발전시키려는 실학이 등장하였다. 실학은 한국인의 삶과 문화를 서구의 과학기술과 접목시켜 행복한 사회를 만들고자 했는데 정약용은 그 선두에 있었다.

우리 것을 더욱 우리 것으로 만들고 남의 것도 잘 취하면 우리 것이 된다는 정신으로 무장된 사람이 바로 정약용이다. 마치 이슬람 음악에 쓰던 양금이라는 악기가 유럽을 거쳐 중국과 조선에 전해지면서 국악 연주에 없어서는 안 될 중요한 국악기가 된 것과 같이 옛것도 잘 연구하고 다듬으면 새로운 것을 만들 수 있다는 논리를 실천하였다.

세계 역사상 가장 위대한 도시로 평가받고 있는 로마의 성공 비결과 몰락의 과정을 기억해야 할 것이다. 세계 최고가 되기 위해서는 법고창신을 실천하여야 한다는 정약용의 가르침을 잊어서는 안 된다.

05 미래를 예측하려면
트렌드를 읽어라

트렌드는 원래 경영학에서 사용하던 용어로 소비자들의 소비 추이를 말한다. 트렌드를 읽어야 무엇을 만들지 결정하게 되고, 사업에 성공할 수 있다. 따라서 미래를 예측하기 위해서 필요한 것이 트렌드를 읽는 것이다.

트렌드를 정확히 읽으면 거기에 대한 대비를 하고 그로 인해 성공할 수 있게 된다. 따라서 트렌드를 읽는다는 것은, 나의 능력이나 상황을 정확히 인식한 상태에서 미래 사회의 변화가 어떻게 진행될지를 알고 그에 대한 대책을 만들어야 하는 것을 의미한다.

그러나 누구든 정확한 트렌드를 읽을 수 있다고 모두 성공하는 것은 아니다. 평범한 사람들은 분명히 다가올 트렌드를 이미 알고 있으면서도 미래를 대처하지 않기 때문이다. 성공하려면 트렌드만 읽는 것이 중요한 게 아니라 미래에 대한 대비를 해야 한다.

정약용은 미래를 예측하고 있었다. 사회는 엄청나게 변화하고, 서양의 문물이 들어올 것이라는 예상을 하고 있었다. 그래서 그는 다양한 지식을 습득하기 위하여 항상 노력하였으며, 새로운 것을 만들려는 것이 습관이 되었다. 정약용은 미래 사회에 대비하는 것은 당연한 일이었기에 당시의 기득권과 사회 분위기에 두려워하지 않고 도전하였다.

정약용은 관직에 있을 때를 제외하고는 남들에게 그리 부각된 인물이 아니었고 오히려 소외된 사람이었다. 그러나 그는 소외된 상황에서도 자신의 책들이 사람들에게 분명히 도움을 줄 것이라는 강한 신념을 가지고 있었다.

정약용은 자신이 처한 상황에서 할 수 있는 일을 정확히 알고 있었을 뿐만 아니라 미래를 예측했기 때문에 그에 대한 대비 방법을 책으로 써나갔다. 그의 책을 읽은 사람들은 정약용의 미래에 대한 예견 능력을 높이 평가했다. 그리고 시대를 뛰어넘어 지금 시대에서도 정약용의 책은 많은 사람들의 생활 방식으로 자리를 잡고 있다.

현재 정약용은 많은 사람들의 존경을 받고 있으며, 그를 따르고자 연구하는 사람들도 많이 생겨났다. 정약용이 당시의 사회에서 적당히 세상과 타협하고, 적당히 관직 생활로 인생을 마감했다면 역사 속에서 그의 위대함은 보이지 않았을 것이다.

우리나라가 경제 성장을 시작하면서 1960년대에는 섬유·시멘트·비료 산업에 집중 투자하였으나 30년을 버티지 못했다. 1970년대에는 신발·화학·조선이 한국 경제를 이끌었으나 이 역시 1990년대에 들어서 컴퓨터·반도체에 자리를 내줬다.

지금은 IT와 인터넷이 국가의 중요 산업으로 떠오르면서 한국이 세계 경제대국이 되는 시대를 누리고 있다. 그러나 곧 이들도 새로운 산업으로 자리바꿈을 하게 될 것이다. 미래를 정확히 인식하고 준비하지 않는다면 우리의 미래는 어찌 될지 아무도 모른다. 이미 정약용은 "국가 정책은 100년을 내다보면서 마련하고 시행하라."는 말을 했다.

변화에 대한 사람들의 태도는 주로 세 가지 타입으로 나뉜다. 변화를 문제가 아닌 기회로 삼아 적극적으로 활용하는 사람과, 간신히 변화에 따라가는 사람, 그리고 변화나 문제를 활용하기는커녕 따라가지도 못하고 그 자리에 주저앉는 사람이다.

정약용은 변화를 문제가 아닌 기회로 삼아 적극적으로 활용하였다. 그리하여 정약용은 현실에 안주하지 않고, 트렌드를 읽고 대비하여 이름을 남길 수 있었다.

06 성공하려면 적을 만들지 마라

격언 중에 "대충 참여하는 1,000명의 사람보다 혼신을 다하는 1명을 이길 수 없다."라는 말이 있다. 1,000명의 경호를 받는 대통령도 한 명의 저격수 앞에서는 죽을 수밖에 없다는 이야기다. 경호가 철두철미한 경호원들도 저격수 한 명을 못 막는 것과 같다.

적이 되면 논리적이지도 않고 세상의 가치와는 전혀 다르게 오직 복수만을 꿈꾸기 때문에 타협이나 설득이 안 된다. 가끔 잘나가던 유명인들이 사실인지 아닌지를 알 수 없는 폭로성 신문기사로 인하여 사회에서 매장당하는 경우가 종종 있다. 최고의 정상에서 바닥으로 추락하는 경우에는 낙하산이 없다고 한다. 그만큼 충격이 크다는 것을 의미한다.

정약용의 인생에서도 잘못된 만남으로 인해 평생 원수가 되는 쓰디쓴 사건이 있었다.

정약용의 인생에서 가장 정약용을 힘들게 했던 사람이라면 서용보가 있다.

서용보는 영조의 장인 서종제徐宗悌의 증손으로 태어나 18세에 문과에 급제하였으며, 뛰어난 재질과 든든한 배경에 힘입어 승승장구하여 경기도 관찰사를 거쳐 40대 초반에 판서직에 올랐다.

순조가 왕에 오르자 서용보는 우의정에 발탁되었다가 시끄러운 세상에서 벗어나고자 관직을 그만두고 고향으로 내려가 버렸다. 그러나 순조는 서용보를 불러 영의정에 앉혔다. 서용보는 말 그대로 조선 후기에 누리고 싶은 권력을 모두 누린 정조와 순조 시대의 핵심 인물이었다.

이러한 인물과 정약용은 악연을 맺게 된 것이다.

정약용이 33세 때, 정조의 은밀한 명에 의해 경기 암행어사가 되었다. 정약용이 맡은 지역은 경기도의 적성 · 마전 · 연천 · 삭녕이었다. 정약용은 신분을 감추면서 맡은 지역을 다니면서 백성의 참혹한 현실을 직접 목격하였다. 백성의 어려움은 수령과 아전들이 자신들의 권력을 이용하여 백성들의 재물을 뺏는 나쁜 관리들 때문이었다. 특히 경기관찰사인 서용보가 문제가 많았다. 정약용은 제도를 악용하여 백성들을 어렵게 하는 나쁜 관리를 벌주기로 결심하였다.

정약용은 임무를 마치고 서울로 돌아와 서용보의 나쁜 점을 정조에게 고발했다. 이 고발 사건으로 서용보는 정조의 분노를 사게 되어 면직되었다. 이로 인해 서용보는 정약용에 대해 악한 감정을 갖고 정조가 죽은 후 철저하게 보복하게 된다.

서용보가 우의정이라는 높은 정승의 지위에 올라 온갖 권력을 휘두를 때 신유사옥이 터져 정약용은 18년 동안 유배를 떠나야 했다. 이때 모든 대신이나 재판 관여자들이 정약용을 석방하자고 했으나 권력의 최고에 있던 서용보가 우기는 바람에 정약용은 결국 유배를 가게 된 것이다.

서용보와 시작된 악연은 강진에서의 유배 생활 동안 몇 차례 풀려날 기회가 있었지만 서용보 등 반대파의 저지로 번번이 무산되었다. 정약용이 풀려나면 자신들과 경쟁자가 될 수도 있다는 생각 때문이었다. 정약용은 구차하게 선처를 구하지 않았다. 자신이 이렇게 된 것을 모두 운명이라 여기고 그저 책 쓰는 일에만 몰두하였다.

서용보가 벼슬에서 물러난 뒤에야 정약용은 겨우 유배에서 풀려나 고향으로 돌아올 수 있었다. 마침 정약용의 고향 근처에 퇴임하여 살던 서용보는 자신이 한 일에 대해서 미안했던지 사람을 보내 정약용을 위문하고 위로하였다.

그러나 서용보가 영의정에 올라 다시 조정으로 들어갔을 때 다른 관료들이 정약용을 관직에 부르자고 하였지만, 또다시 서용보가 적극 반대하여 정약용은 다시 벼슬길에 오를 기회를 놓치고 말았다.

악연은 이처럼 정약용에게 끈질기게 이어졌다. 정약용이 서용보를 만나지 않았다면, 유배를 가지 않았을 수도 있었고, 조선의 역사가 어떻게 바뀌었을지 아무도 예측할 수 없을 것이다. 역사는 우습게도 영의정이던 서용보도 나름대로 이름을 남겼지만, 정약용은 위대한 실학자이자 지식 경영자로서 후세 사람들의 추앙을 받고 있다.

크게 되고 싶은 사람일수록 자신의 신상 관리를 잘해야 한다. 어떠한 경우에도 적을 만들어서는 안 된다는 것이다. 그래서 요즘 성공하는 사람들은 솔선수범하면서 자신의 것을 사람들에게 나누어 주는 사람들이 많다.

성공하는 사람들은 정신없이 바쁘다 보니 자신의 앞길만 보고 생활하게 된다. 그러다 보면 의도하지 않게 다른 사람들에게 피해나 아픔을 주는 경우가 있다. 때로는 원한 관계가 될 수도 있지만, 언젠가 다시 만날 수도 있다는 것을 알아야 한다.

옛말에 "원수는 외나무 다리에서 만난다."라고 하였다. 중요할 때 나에게 불리한 일로 작용할 수 있다는 것을 의미한다.

성공하는 사람들은 항상 자신의 성공에 대하여 겸손해야 하며, 남에게 공을 돌려야 한다. 앞으로 사람들과의 만남에서 신중해야 함은 물론 상대방을 적으로 만들어서는 안 된다.

07 새로운 변화에 대비하라

조선 후기 사회는 남의 것을 받아들이기보다는 남의 것을 배척하는 통상수교 거부 정책을 추진하였다. 이는 서양 제국의 침입으로 이미 많은 나라가 주권을 뺏기는 것을 목격하였기 때문이다. 결국 조선은 외부와 단절하였기에 망국에 이르는 역사의 길을 걷게 된 것이다.

이러한 사회적 분위기 속에서도 정약용은 서양의 학문에 대한 관심이 지대하였다. 그러나 당시의 조정과 사회 분위기는 서양 학문인 서학과 천주교와의 차이도 구별 못 하고 정치적으로 반대파들의 몰락만을 추구하였다. 그러다 보니 서학을 공부한다는 것은 목숨을 내놓고 하는 것과 마찬가지라고 할 수 있었다. 실제로 정약용이 유배를 가게 된 원인은 정약용이 서학에 대한 호기심 때문이었다.

그러나 정약용은 유배지에서 서학사상의 연구를 쉬지 않고 하면서 서학의 좋은 점은 계속 받아들여야 한다는 주장을 펼쳤다.

정약용은 《경세유표》를 통해서 자신이 가진 생각을 표현하였다.

정약용은 이용감利用監이라는 정부 부서를 새롭게 만들어 중국을 통한 서양의 과학기술을 도입할 것을 강력하게 주장하였다. 세상은 변해가는 데 우물 안에 있는 조선이 세상의 변화에 적응하지 못하면 결국은 도태된다는 생각 때문이었다.

정약용은 변화하는 세상에 가장 적극적으로 대응하는 방법은 먼저 변화를 선도하는 것이라고 생각하였다. 그래서 새로운 기술과 학문을 받아들여 우리의 것으로 만들어야 한다고 주장하였다.

정약용은 중국의 발전된 문화 속에서 조선이 배워야 할 것이 많다고 생각하였으며, 기중기라는 책을 보고 거중기를 만들었듯이 다른 나라의 발전된 문화를 통해서 우리의 것을 만들어야 한다고 주장하였다.

정약용이 죽음을 두려워하지 않고 서학을 배워야 한다는 주장을 하게 된 것은 우리가 남의 발전된 것을 받아들이지 않으면 우리의 미래가 없음을 예측하고 있었기 때문이다.

그러나 당시 조선의 사회적 분위기는 변화보다는 안정과 현실의 유지를 원했기 때문에 정약용의 생각은 매우 도전적이었고, 그래서 박해를 받을 수밖에 없었다.

오늘날 기술 문화의 발전과 변화의 속도가 날로 가속도가 붙고 있다. 한순간 기술의 발전을 잘못 읽게 되면 세계 역사 속에서 잊히고 만다. 한때 세계 최고의 국가나 기업도 시대의 변화에 제대로 대응하지 못해 역사 속에서 잊혀진 사례들이 많다.

아그파는 1889년 세계 최초로 흑백 필름을 개발했으며, 엑스레이 필름을 출시하고, 1936년에는 세계 최초로 컬러 필름과 컬러 사진 인화지도 개발하여 필름계의 발전을 주도하였다. 그뿐만 아니라 세계적인 필름업체로서 전 세계 필름 시장의 10% 이상을 차지하였다. 그러나 세계 최고와 세계 최초를 자랑하던 아그파는 2005년도 부도를 선언하면서 역사 속에서 몰락하여 사람들에게 큰 충격을 주었다.

디지털카메라의 보급으로 필름, 인화지 등 전통적 분야에서 급격한 매출 하락에 따른 누적된 적자를 이겨내지 못한 것이 주된 요인으로 알려졌다. 세상의 변화를 예측한 직원들은 새로운 세상에 적응하기를 여러 차례 경영진에게 제안했지만 번번히 아그파가 세계 최고라는 자부심으로 인해 거부당했다.

결국 필름계의 왕좌에 있었던 아그파의 몰락은 필름 카메라에서 디지털 시대로 변화에 적응하지 못하고 아날로그만 고집했기 때문이다.

오늘날처럼 빠른 변화가 주도하는 세상에서 살아가기 위해서는 새로운 변화, 새로운 기술을 배워가야 한다. 변화하는 세상을 주도하기 위해서는 내가 먼저 변하는 것이다. 그러나 많은 사람들은 변화에 대응하기보다는 현실에 안주하고 변화를 거부하다 보니 세상의 변화 물결에 적응하지 못하게 된다.

정약용은 미래를 예측하였으며, 우리들에게 세상의 변화에 적극적으로 대응하기 위해서는 새로운 것을 배워서 내 것을 만들라는 교훈을 남기고 있다.

04
인내하라

인내하라

인내忍耐는 괴로움이나 어려움을 참고 견디는 것을 말한다. 정약용의 삶을 생각하면 '인내'라는 단어가 항상 떠오른다.

정약용이 살았던 세월은 너무나 모질고 가혹하였다. 그 시간을 참고 견뎌낸 정약용은 인내심으로 뭉친 사람이었다.

정약용은 당시 사람들의 평균 수명이 35세를 넘지 않았던 시기에 75세의 인생을 살았다. 정약용은 정조를 만나 자신의 정치적 야망을 펼쳤다. 정조의 총애를 한 몸에 받으며 세상의 변화를 주도했던 정약용은 유배 때문에 깊은 나락으로 한없이 떨어졌다.

정약용에게 18년의 유배는 지옥과 같은 날들이었다.

더욱이 정약용이 유배를 당하던 날 그의 셋째 형 정약종은 사형을 당하고, 둘째 형 정약전은 흑산도로 유배를 떠났다. 정약용은 세상을 미워하거나 자신의 박복함을 한탄하지 않았다. 그리고 그는 그 긴 시간을 원망하며 풀려날 날만을 기다리고 있지만은 않았다.

오히려 인격을 수양하고 자신의 학문을 완성하여 백성과 국가에 길이 도움이 되는 방법을 찾아 실천하였다.

01 유배지에서 세상을 배우다

유배는 자신의 활동 무대를 빼앗고 아무것도 할 수 없는 환경으로 사람의 환경을 강제적으로 바꾸는 잔인한 형벌이다. 그래서 유배를 가게 되면 자신을 제대로 다스리지 못하고 화병으로 빨리 사망에 이르기도 한다. 유배는 한마디로 사람을 초라하게 궁지에 모는 형벌이기도 하고, 자신과 인내의 싸움을 해야 하는 것이다.

사람들은 정약용이 경상도 장기와 전라도 강진 등 두 번의 유배를 한 것으로 알지만 사실은 세 번의 유배를 하였다. 첫 번째 유배는 예문관*의 검열이 되는 과정에서 생긴 잡음으로 유배를 떠난 적이 있다. 그러나 일주일이 채 못 되어 끝났기에 유배라 보지 않기 때문일 수도 있다.

---

* 예문관 : 조선 시대 임금의 말이나 명령을 대신 작성하는 것을 담당하기 위하여 설치한 관서

| 전남 강진의 다산초당 동암

　두 번째 유배는 경상도 포항 부근에 있는 장기로 유배되었다. 당시 천주교도가 증가함에 따라 이를 믿는 사람은 역적의 형벌로 다스리겠다는 정부의 발표가 있었다. 정약용의 둘째 형 정약종이 천주교 관련 문서와 물건들을 안전한 곳으로 몰래 옮기다 발각된 이른바 '책롱사건冊籠事件'으로 정약용은 두 번째 유배를 가게 된다. 책롱사건으로 유발된 신유박해는 중국의 신부였던 주문모를 비롯하여 이승훈·이가환·정약종 등 100명의 천주교도와 진보적 사상가들이 처형되었고, 약 400명이 유배를 가게 되었다.

　세 번째 유배가 바로 '황사영 백서' 사건으로 인한 전라도 강진

　역경 속에서 학문을 꽃 피운 정약용 리더십

으로의 유배였다. 황사영은 초기 교회의 지도자급 신자 중의 한 명으로 정약용의 맏형인 정약현의 장녀와 결혼하였다. 그는 신유박해 때 한양을 빠져나와 충청도 제천에 숨어 있었다. 황사영이 숨어 있던 동안 주문모 신부가 처형당했다는 소식을 듣고 북경 주교에게 보내는 탄원서를 만들어 북경 주교에게 전하려다 체포된다. 이것이 유명한 황사영 백서 사건이다. 이로 인해 정약용은 전라도 강진으로 유배를 가게 된다.

그러나 정약용에게 유배는 고통만을 준 것이 아니라 참으로 값진 것들을 가르쳐 주었다.

정약용은 유배 중에 왕성한 집필 활동을 통해서 지금까지 배우고 익힌 것들을 집대성하였다. 만약에 정약용이 정치만 하였다면 자신의 신념을 실현하기 위하여 설득하고, 실천하는 것으로 시간이 부족하였기 때문에 이렇게 방대한 저서들을 집필할 수 없었을 것이다. 그러나 유배 생활의 단조로움 속에서 모든 시간을 저서를 집필하는 데 집중하였기에 가능한 것이었다.

정약용의 형인 정약전도 유배지인 흑산도에서 생을 마감하기까지 세상을 배우고, 백성들의 삶에 동화되어 《자산어보》라는 책을 남겼다. 《자산어보》는 흑산도에 귀양가 있던 동안 조사하고 채집한 155종의 수산 동식물의 이름과 분포 및 형태와 습속 등을 적은 것으로 3권 1책으로 되어 있다. 정약전은 위대한 동생의 업적에 가려 빛을 보지는 못했지만 동생 정약용과 함께 혼란과 혼돈의 생활을 같이 하였으며, 정약용의 정신적 지주였다. 그들은 서로 다른 유배지에 있었지만 간간히 소식을 듣고 서로의 성공을 기원하면서 학문적 동반자의 길을 걸었다.

정약용은 강진 유배 기간 동안 자신의 처지를 절망하지 않고 오히려 학문 연구에 매진했고, 이를 자신의 실학적 학문을 완성할 수 있는 기회로 활용하였다. 그의 강진 유배기는 관료로서는 확실히 암흑기였지만, 학자로서는 매우 알찬 수확기였다고 할 수 있다.

정약용은 힘든 현실 속에서도 오히려 많은 제자를 양성하고 조선의 미래를 걱정하였다. "호랑이에게 물려가도 정신만 차리면 살 수 있다."라는 말처럼 정약용은 우리에게 아무리 삶이 힘들어도 생각을 바꾸면 삶이 달라진다는 것을 알려주고 있다.

역경 속에서 학문을 꽃 피운 **정약용 리더십**

02 백성에 대한 애정으로 인내하다

전라남도 강진은 정약용이 18년 동안 유배 생활을 보낸 곳이다. 강진에는 정약용과 관련된 사적지로 사의재와 다산초당 등 두 곳이 있다. 정약용은 1801년 음력 11월 하순의 추운 겨울 날, 유배지 강진읍에 도착하였다.

사랑하는 가족들과의 가슴 아픈 이별을 뒤로하고 천 리 먼 길을 걸어온 정약용을 기다리는 것은 매서운 겨울 바람과 백성들의 차가운 시선이었다.

강진 사람들은 '천주학쟁이'로 쫓겨 온 정약용을 경계했으며, 정약용이 어떤 사람인지도 알지 못했다. 당연히 지역 주민들은 정약용을 지역의 암적 존재로 여기고 가는 곳마다 문을 부수고 담장을 무너뜨리며 상대조차 해주지 않았다.

정약용은 할 수 없이 강진읍 동문 밖에 있는 주막으로 찾아가서 방을 빌렸다. 정약용의 강진에서 첫날밤은 이렇게 주막의 할머니가 내준 허름한 방에서 시작하였다. 할머니는 당시 정약용이 처음 강진에 유배 왔을 때 유일하게 그를 따뜻하게 받아준 사람으로 전해진다.

정약용은 자신에 대한 강진 주민들의 시선도 곱지 못하고, 정약용 스스로도 인생의 끝이라는 절망감에 사로잡혀 죽고 싶은 심정이었다.

그때 주막집 할머니는 정약용에게 말했다.

"그냥 인생을 헛되이 사시렵니까? 제자라도 길러야 하지 않겠습니까?"

정약용은 할머니의 사려 깊은 말에 정신을 차렸다.

할머니의 배려에 겨우 거처를 정한 정약용은 할머니의 격려를 듣고 억울한 유배의 억눌린 심정을 잊고 학문에 전념하기로 결심하였다. 이에 정약용은 누추한 주막의 뒷방을 '사의재四宜齋'라 이름 짓고 1801년부터 1805년까지 4년을 머물렀다.

사의재四宜齋란 정약용이 '생각을 맑게 하되 더욱 맑게, 용모를 단정히 하되 더욱 단정히, 말을 적게 하되 더욱 적게, 행동을 무겁게 하되 더욱 무겁게' 하겠다는 앞으로 삶의 목표를 다짐하며 붙인 이름이다.

정약용은 사의재에서 머물며 강진읍의 여섯 제자를 키웠고, 《경세유표》, 《애절양》 등을 지었다.

특히 정약용은 오지인 강진 시골의 무지렁이 백성과 어울려 지내면서 힘없고 가난한 백성들이 당하던 압제와 핍박의 생생한 현장을 목격할 수 있었다. 정약용은 지금까지 양반의 삶을 살았기에 백성의 깊은 내막을 알기에는 어려웠다. 그는 직접 모든 것을 보거나 경험하고서 한층 더 백성을 생각하고 그들에게 도움이 될 수 있는 방법들을 생각하게 하였다.

정약용은 백성에 대한 자신의 생각을 시로 적어 사회시, 참여시라는 이름으로 발표하였다. 정약용은 2,500수가 넘는 탁월한 시를 지었다. 그의 시에는 관리들에게 고통받는 백성을 구하고자 하는 깊은 사랑과 철학이 담겨 있다.

정약용 시의 특징은 당대의 모순과 백성의 삶을 여과 없이 비판하고 풍자하였다. 관리들의 횡포에 한없이 분노하면서, 백성의 권리를 보호하기 위한 애절한 내용을 시에 담아 고통받는 백성의 대변자 역할을 하였다.

한때 정조의 총애를 받아 승승장구하던 정약용은 반대파의 모함으로 억울하게 유배를 왔지만 그들을 원망하거나 신세를 한탄하며 절망하지 않았다. 오히려 유배를 와서도 생각과 용모, 언어와 행동에서 의롭게 살겠다는 그의 다짐에 절로 고개가 숙여진다. 정약용은 어떠한 굴욕과 압력 속에서도 마음만은 자유를 만끽하며 살았기에 많은 사람들이 정약용을 깊이 존경하게 된다.

정약용은 유배 전에도 백성에 대한 애정이 깊었지만 강진에 와서는 더욱 애정이 깊어졌다. 정약용은 강진에서 조선의 백성이 어려움에 빠지고 생활고에 시달리는 것을 알았지만 자신은 어쩔 수 없이 현상을 지켜봐야만 하였다. 그래서 그는 백성들에게 희망을 줄 수 있는 것은 학문에 대한 연구와 자신의 생각을 글로 남기는 것이었다.

정약용은 유배 기간 시를 지어가며 백성에 대한 사랑은 더 깊어만 갔다.

03 원칙이 있는 곳에 인내가 있다

정약용은 살면서 뚜렷한 원칙이 있었다. 그것은 항상 백성 편에서 생각을 한다는 것이다. 이러한 원칙은 정약용이 관직에 있는 동안에도 지켜졌지만, 유배 생활 중에서도 변하지 않았다. 황해도 곡산부사 시절에 직접 판결했던 이계심李啓心 사건을 보면 정약용의 원칙을 이해할 수 있다.

곡산부사로 있을 때는 이계심이란 사람이 관아로 찾아와 백성들의 고통 12가지를 적어 바치며 엎드려 자수하였다. 사정을 알아보니 그는 전임 부사가 부당하게 세금을 징수하자 천여 명의 백성들을 인솔하고 관청에 들어와 항의하다 결국 쫓기는 신세가 된 사람이었다.

관아의 아전들은 당장 체포하라고 하였으나 정약용은 주위 사람들의 말을 듣지 않고 오히려 그냥 무죄로 석방하였다.

무죄로 석방하면서 정약용은 이계심에게 말했다.

"수령이 선정을 베풀지 못하는 이유는 잘못된 정치를 보고도 수령에게 항의하지 않기 때문이다. 너 같은 사람은 관청에서 마땅히 돈을 주고라도 사야 할 사람이다."

오히려 칭찬하였다.

잘못된 정치를 보고 일신의 안전을 살피지 않고 항의하는 이계심을 알아주는 정약용의 태도에서 백성을 사랑하는 정과 의리를 느낄 수 있다.

민주주의가 한참 발달한 지금에도 권력 비리를 고발하게 되면 그로 인해 보복을 받는 경우가 많은데, 정치적으로 성숙하지 못했던 조선에서 정약용의 무죄 판결은 대단한 것이었다. 더욱이 권력층에 저항한 백성을 풀어주었다는 것은 당시의 사회 분위기에서 용납될 수 없었기에 정약용의 판결은 주변 사람들을 당황하게 만들기에 충분하였다. 그러나 백성 편에 선다는 정약용의 원칙은 뚜렷했다.

정약용은 관직 생활을 하면서 백성의 입장에서 정치를 하였으며, 법을 집행하였다. 그의 이러한 생각들이 정약용에게 고통스러운 삶이 돌아와도 인내할 수 있는 힘이 된 것이다.

정약용은 먼저 백성 편에 서야 한다는 원칙을 세웠기에 어떤 두려움도 없이 백성만을 바라보며 일을 해 나갈 수가 있었던 것이다.

이익을 탐하는 정치꾼에게는 계산해야 할 것들이 많았지만 오직 백성만을 위하는 단순한 원칙을 가진 정약용은 삶이 차라리 단순하였을 것이다. 정약용은 자신의 뜻이 옳으면 주변의 어떠한 압력이나 유혹에도 굴하지 않고 인내하였다.

우리도 인내를 배우려면 먼저 뜻을 크게 세우고 원칙에 따라 행동하는 삶을 배워야 하겠다.

04 때를 기다리는 인내를 배우다

보통 낚시로 시간을 보내는 사람을 강태공이라 부르는데, 강태공은 중국 주나라의 정치가로서 실존 인물이다. 주나라의 강태공이라는 사람은 때를 기다리는 사람으로 유명하다. 원래 강태공의 본명은 '여상'인데 세월을 낚는다는 뜻에서 강태공이라고 하였다.

여상은 주나라 여呂 지방 명문가의 자손으로 태어났지만 그의 대에 이르러 가세가 기울어 생활이 몹시 궁핍했다. 그래도 언젠가는 천하를 다스리겠다는 꿈을 안고 실력을 쌓았으나 백발이 될 때까지 기회가 오지 않았다. 그의 아내가 허송세월만 보내는 남편을 견디다 못해 친정으로 가 버릴 정도였다.

아내마저 떠났지만 여상은 낚시에 전념하면서 기회를 기다렸다. 그의 나이가 70이 되어서도 기회가 반드시 올 것이라고 생각하고 포기하지 않았다. 어느 날 당시 주나라 왕이던 서백이 여상을 직접 찾아왔다. 그날 서백은 사냥하러 가기 전에 점괘를 보았는데, 무슨 영문인지 선왕인 태공이 왕을 보필할 신하가 나타나리라고 예언하는 점괘가 나왔다. 그리고 그 모습까지 하나하나 또렷이 그려 주었는데 그가 바로 여상이었다. 서백은 몇 마디 말을 건네고 됨됨이를 파악한 뒤 여상을 즉시 최고의 자리에 임명했다.

여상은 수십 년 동안 갈고 닦은 실력으로 주나라 서백을 보필하며 나라를 통치하는 데 온힘을 쏟았다. 병법과 인재 등용법, 그리고 군왕의 도리와 나라를 다스리는 일까지 그는 마치 인자한 친아버지처럼 서백 왕을 가르쳤다.

여상은 70년간 자기가 세상에서 하고 싶은 일을 할 수 있는 날을 기다리면서 기회를 기다렸다. 남들은 이미 포기하고도 남을 세월인데도 여상은 세상을 원망하지도 않고 준비하면서 때를 기다린 것이다.

정약용도 유배지에서 그냥 세월을 무의미하게 보낸 것이 아니라 때를 준비하면서 기다린 것이다. 정약용은 생각했다.

"지금은 세상이 나를 버렸지만 언젠가 나의 가치를 알아 줄 것이다." 그는 자신의 가치를 높이는 방법으로 자신이 가지고 있는 지식을 남들에게 전달하고 싶었다. 그는 수많은 책을 통해 자신이 현실에서는 펼칠 수 없는 세상을 꿈꾸었다. 후세 사람들 중에 어떤 사람은 자신의 책을 읽고 도움이 될 것이라는 확신을 가지고 책을 저술하였을 것이다.

정약용의 이러한 희망은 이루어졌다. 많은 사람이 그의 깊은 마음과 학식에 감탄하고 따르고 있기 때문이다.

만약 정약용이 유배지에서 자신을 버린 세상을 한탄만하고 세월만 보냈다면, 역사는 정약용을 기억하지 못했을 것이다. 그러나 정약용은 자신만이 가진 세상을 보는 눈과 지혜를 혼자 알기에는 너무 아까웠을 것이다. 그는 언젠가 세상이 자기를 이해할 것이라고 생각하고 인내심 하나로만 꾸준히 글을 썼다.

정약용은 비록 당대에는 큰 빛을 보지 못했지만 오히려 죽고 나서 살아 있을 때보다 더 높은 존경을 받는 인물이 되었다. 정약용이 미래를 예측하며 때를 기다린 지혜 때문이다.

여상이 세월을 낚으며 인내의 세월을 기다렸듯, 정약용은 그 시간을 하늘이 주시는 약으로 알고 자신의 사상과 철학을 완성하는 시간으로 인내해 나갔다.

정약용은 많은 책을 통해서 세상을 변화시켰기 때문에 오늘날 많은 사람으로부터 존경받고 있다. 그러나 정약용의 책들이 더욱 가치가 있었던 것은 막연한 기다림이 아니라 인내심을 가지고 미래를 준비하면서 쓴 것들이기 때문이다.

더욱이 남들이 유배 생활 속에서 절망을 느낄 때에도 인내하면서 남을 위한 책을 쓴다는 것은 쉽지 않다. 정약용은 세상이 자신을 알아주는 날이 오길 바라며 인내심을 가지고 책을 썼다.

때를 기다린다는 것은 아무것도 하지 않고 세월을 낚으면서 시간을 허비하는 것이 아니다. 미래를 준비하고 언제든 기회가 주어졌을 때 그 상황에서 정면 승부를 할 수 있는 완벽함을 만들어 가는 것이 바로 때를 기다리는 일이라고 할 수 있다.

과거에 잘 나가던 일, 남들이 알아주던 일도 빠른 변화 앞에 시간의 흔적도 없이 사라진다. 과거에 연연하면서 때를 기다리는 것이 아니라 10년, 20년 뒤를 내다보면서 준비하는 사람만이 진정으로 필요한 때이다.

05 집필로 고난을 이겨내다

맹자는 말하였다.

"하늘이 장차 그 사람에게 큰일을 맡기려 할 때는 반드시 먼저 그 몸과 마음을 수고스럽게 하여 뼈마디가 꺾어지는 고난을 당하게 한다."

맹자는 세상에 태어나 큰일을 하려면 큰 고난을 당해야 한다는 것이다. 큰일을 당하지 않고는 강한 신념이 생기지도 않고, 웬만한 고난에 처해도 포기하지 않게 되기 때문이다.

조선 중기의 학자로 임진왜란 전에 '십만양병설'을 주장하여 유명한 율곡 이이는 젊은 시절 잠깐 금강산에 들어가 불교를 공부했던 적이 있었다. 당시는 유교가 세상을 지배하고 있었기 때문에 율곡 이이의 행동은 오랫동안 그를 비난하는 사람들에게 좋은 비난의

구실로 이용되었다. 그러나 율곡 이이는 남들이 뭐라 해도 자신의 갈 길을 가서 조선에서 호조·이조·형조·병조판서 등을 지냈다.

정약용은 평생을 따라다닌 '천주학쟁이'라는 붉은 꼬리표 때문에 수많은 시련과 고난을 겪었다. 지금으로 치면 청와대에서 대통령을 가까이 모시는 비서관으로서 장래가 촉망되는 유능한 엘리트 관리이던 정약용은 천주교 문제 때문에 하루아침에 지방의 말단 관리로 쫓겨났다.

또한, 관직을 그만두고 고향에서 은둔하고 있다가 역시 천주교와 관련된 신유사옥에 연루되어 한 번은 경상도 장기현으로, 한 번은 전라도 강진으로 유배를 간다. 유배만으로도 한 개인에겐 견딜 수 없는 고통과 시련이건만, 정약용은 좌절하지 않고 오히려 책을 놓지 않으며 학문 연구에 전념하는 학자로서의 모습을 잃지 않았다. 아니 괴로움을 잊고 마음의 평정을 얻는 방편으로 학문에 전념했는지도 모른다.

역사적으로 지식인들은 어려운 시기에 이중적인 태도를 취함으로써 후대에 비난과 부정적인 평가를 받는 경우가 많이 있다. 신숙주는 세종 때 충신이었지만 단종을 물리고 세조에게 붙어 세종의 충신들이 죽어가는 것을 지켜보기만 하였다. 그래서 역사는 그를 변절자라고 하지만 정약용은 일관된 노력으로 처음과 끝이 똑같았으니 지식인의 전형적인 모범이 되었다.

정약용은 평생을 살면서 많은 저서를 집필하였지만 특히 유배 시기에 그의 저술 활동은 왕성하였고, 나중에 유배에서 풀려나 고향^{현 남양주시}으로 돌아가서도 집필은 멈추지 않았다. 그는 살아 있는 동안 530여권의 책을 집필하였다. 그의 작품 수에서도 놀랍지만 그의 작품 하나하나가 역작이라는 것이 정약용을 존경하게 한다.

TIP

성공에 이르는 과정에서 수많은 난관과 시련이 도사리고 있다. 그래서 많은 사람은 수많은 난관과 시련을 이겨내지 못하고 포기하게 만드는 원인이 된다. 따라서 실패와 좌절 속에서 자신의 목표에 도달할 때까지 도전할 수 있는 힘, 그 힘은 바로 열정에서 온다. 열정은 불타오르는 세찬 감정을 말한다.

주변을 돌아보면 거의 실현 불가능한 것처럼 보이는 목표의 실현을 위해 무모하리만치 저돌적으로 돌진하는 사람이 있는가 하면, 별로 대단하지도 않은 난관 앞에서 주저앉아 무기력하게 하루하루를 보내는 사람도 있다.

왜 이런 차이가 생기는 것일까? 달리 말하면 열정의 크기가 왜 사람마다 다른 것인가? 이 문제에 대한 해답을 얻기 위해서는 열정이라는 것이 도대체 무엇에 기인하여 생기는 것인가를 살펴볼 필요가 있다.

역사를 바꾼 사람들의 열정은 바로 사명감을 통해 생겨난다. 평생을 헐벗고 가난한 사람을 위해 헌신했던 테레사 수녀, 그리고 혁명가로 살다 39세의 젊은 나이에 이국땅 남미 볼리비아에서 죽음을 맞이한 체 게바라 같은 사람들이 그 좋은 예가 될 것이다.

정약용의 생애는 시련의 연속이었지만 자신이 세상을 변화시켜야겠다는 사명감을 가지고 있었기에 열정을 가지고 집필할 수 있었던 것이다.

06 사숙으로 절망을 인내하였다

정약용은 한때 천주교에 관심을 두었다는 것 때문에 반대파로부터 모함을 받아 관직 품계가 여섯 계단이나 떨어져 지방의 한직으로 좌천되었다. 자신을 알아주지 못하는 세상을 한탄도 했다. 그러나 자신은 이익 선생의 유고를 정리하겠다는 커다란 목표가 있었기에 슬퍼하거나 술로 세월을 보내지 않았다.

절망 속에서도 이황을 통해 성리학을 공부하고, 이익의 유고를 정리하면서 자신의 발전 기회로 삼게 된다. 정약용은 유배라는 시련의 세월 속에서 절망에 빠지지 않고 자신을 거대한 나무로 만든 이황에 대해 공부하고, 성호 이익의 유고를 정리하였다. 이때 공부한 퇴계의 이론과 이익의 유고는 다산학의 기초가 되어 후세에까지 남게 되었다.

정약용의 학문에 대한 열정에 영향을 준 사람은 크게 이황과 이익 두 사람이었다. 정약용은 이황을 통해 유교에 대한 관심을 갖게 되었고, 전문적인 연구를 하게 되었다. 그리고 이익을 통해서는 실학에 대한 관심과 연구를 하게 되었다.

정약용은 원래 이황이 훌륭한 학자라는 것을 알았지만, 이황의 문집인 《퇴계집》을 직접 읽고 나서 이황의 깊은 학문 세계에 또 한 번 감동하였다. 그는 퇴계집을 읽으면서 퇴계의 학문적 깊이가 심오하다는 사실을 알고 이황을 존경하게 된다. 정약용은 이황의 책을 통해 성리학의 이치를 조금이나마 이해하면서, 이황처럼 성리학을 집대성하고 싶은 욕구가 일어났다.

정약용은 항상 새로운 사실에 대해서 알게 되거나 공부를 하게 되면 관련된 책을 쓰는 습관이 있었다. 결국 이황에 대한 공부를 하면서 자신이 공부한 내용을 기록한 《도산사숙록陶山私淑錄》을 지었다. 이후 성리학 분야에서도 해박한 지식을 갖게 되고, 이로 인해 성리학 관련 책들을 많이 집필하게 된다.

정약용의 생애에서 이익의 학문 세계와의 조우는 정약용의 어려운 시기를 인내하게 하는 힘이 되었고, 이익의 유고를 정리하면서 오히려 인생의 역전을 가져온 것이다.

정약용은 이익을 학문적으로 '역할 모델'로 삼았지만 강진에 가서는 자신의 처지와 같아서 더욱 존경하고 닮기를 원하였다. 실제로 정약용은 불우한 환경과 악조건에서 학문을 게을리하지 않고 자신을 일으켜 세운 이익에 대한 이야기를 두 아들이나 제자들에게 자주 들려줬다. 결국, 정약용은 이익의 뒤를 따랐으며 학문에 정진하여 대학자가 됐다. 정약용의 이러한 삶을 따르는 후세 사람은 많을 것이다. 직접 만나서 배움을 갖지는 못하지만, 성호를 평생 사숙하는 솔선수범을 보였듯이 정약용을 연구하고 사숙하는 사람들이 늘어가고 있다.

정약용이 이익의 학문 세계를 만나지 않았다면 정약용은 절망에 빠져 술로 인생을 허송세월했을 수도 있을 것이다. 정약용은 어려울 때일수록 성호 이익과 퇴계 이황을 사숙私淑하며 그의 위대함을 기르며 존경하였다. 정약용은 학문적으로 존경하는 분들과 관련된 책을 집필하면서 책을 쓰는 동안 그들을 존경하고 닮아가고 있었던 것이다.

정약용은 돌아가신 분들을 책을 읽고 학문 세계를 접한 것만으로 영원한 스승으로 모시는 사숙을 즐겼다. 보통 사람들과는 다른 정약용의 사숙하는 자세는 지식인으로서의 참모습이요, 200여 년의 시간을 뛰어넘어 오늘에도 공부하는 사람들의 좋은 귀감이 되고 있다. 자신을 직접 가르친 스승을 무시하고 스승의 그림자를 밟는 요즘 배우지도 않았음에도 평생 스승으로 모시면서 존경한 정약용의 일화는 큰 교훈이 되어야 할 것이다.

정약용은 고뇌의 시간이 닥칠 때마다 그 시간을 자신을 되돌아보는 계기로 만들었고 새로운 비전을 만들어냈다. 정약용은 유배 생활 속에서도 학문에 대한 열정으로 어려움을 극복하고 나아가 절망에서 다산학의 시조로 존경받게 되었다.

07 고독을 인내하다

외로움은 홀로 되어 쓸쓸한 마음이나 느낌을 말한다. 고독은 세상에 홀로 떨어져 있는 듯이 매우 외롭고 쓸쓸함을 말한다. 외로움은 외부적인 영향으로 느끼는 것으로 타인에게서 오는 것이라면, 고독은 내부적인 것으로 자기 내면에서 오는 것이라 한다. 쉽게 말하면 외로움은 아는 사람이 없어서 오는 쓸쓸함을 말하며, 고독은 사람은 많으나 홀로 떨어져 마음의 빈자리를 채우지 못하는 데서 오는 매우 쓸쓸함을 말한다.

중국 전한 시대의 역사가이며 《사기史記》의 저자인 사마천은 말했다.

"권력과 이익을 바라고 모인 사람들은 그것이 다하면 멀어진다."

사마천의 말은 권력이 있을 때는 잘 보이려는 사람이 많지만, 권력이 없어지면 푸대접하는 세상 인심을 뜻한다. "정승집 개가 죽으면 사람이 몰려들어도 정승이 죽으면 개 한 마리 얼씬하지 않는다."라는 속담이 있다.

실제로 한때 권력을 쥐게 되면 그 집안의 애경사에는 사람들이 인산인해를 이루지만 그가 지위에서 물러나게 되거나 죽게 되면 사람들은 자신에게 피해가 돌아올지 몰라서 오히려 관계를 단절하는 경우가 많다.

정약용을 따르던 추사 김정희는 1844년 제주도에서 제자 이상적에게 〈세한도〉를 그려 보냈다. 5년째 유배 생활을 하는 불우한 자신에게 북경에서 구한 귀한 책들을 보내주며 쏟는 한결같은 마음에 감동했기 때문이다. 추사는 세한도 왼편 공간에 그림을 그리게 된 연유를 다음과 같이 적었다.

"지금 세상은 온통 권세와 이득을 좇는 풍조가 휩쓸고 있지만 그대는 잇속으로 나를 대하지 않아서 너무 고맙다."

평상시에는 책을 보내주는 일 정도는 별일도 아니지만 고독한 유배 생활을 하던 김정희에게는 너무나 고마운 일이었다.

정약용은 강진의 유배 생활 동안 동네 사람들로부터 대역 죄인이라는 멸시를 받고 친구들이 자신을 멀리하는 것을 경험하였다. 한때는 자신의 위대함에 머리를 조아리고 찾아들었던 사람들도 피해를 당하지 않기 위해서는 정약용과 적당한 거리를 두는 것이었다. 정약용은 이러한 사람들의 변화를 느끼며 권력에 대한 무상을 느꼈다.

정약용은 유배 생활 중 절친했던 윤영희라는 친구에게 다음과 같은 내용의 편지를 보냈다.

"7년간 유배지에 있다 보니 노비들도 나와 대화를 하지 않으려하네. 낮 동안 보이는 것이라고는 구름의 그림자와 하늘의 색밖에는 없고, 밤 동안 들리는 것이라고는 벌레 울음 소리와 바람에 불리어 나는 대나무 소리뿐이네."

얼마나 자신의 처지가 기구하면 이런 편지를 보냈을까 생각해 보면 정약용이 가진 고독은 매우 견디기 어려운 상황이라는 것을 짐작할 있다.

57세의 나이에 강진에서 돌아와 고향에 정착하게 되었을 때에도 조정의 감시가 심하고 복권이 이루어지지 않아 자신의 신세가 기구하다고 자책도 하였다. 그러나 자신의 처지에 대해 비관하여 절망에 빠지진 않았다.

정약용이 양평의 후배 벼슬아치인 여동식에게 편지를 보냈다. 그 편지의 내용을 보면 다음과 같다.

"내 집 문 앞을 지나면서도 들르지 않는 것은 이미 관례가 되었으니 원망하지 않네. 그러나 세상의 괴로움 중에 남들은 기뻐하는

데 나만 슬퍼하는 것보다 더 심한 것은 없고, 세상의 한스러움 중에 나는 그를 생각하건만 그는 나를 까맣게 잊고 있는 것보다 심한 것은 없네."

정약용은 후배 여동식에게 자기는 아직도 여동식을 생각하고 있는데 비해, 여동식은 자기를 잊은 것에 대해서 편지로 꾸짖은 것이다.

정약용이 관직에서 밀려나 유배 생활하는 동안 가까웠던 사람들이 등을 돌림에 따라 정약용은 세상을 사는 것이 너무 고독하였던 것이다.

정약용은 자신과 인연을 맺었던 사람들이 자신과의 연락을 끊고 관계를 멀리해서 적당히 분노를 느끼고 있었지만, 그런 것이 사람의 마음이라는 것을 알고 세상을 이해하려 하였다. 그래도 자신이 지인들에 대해 갖는 애정만큼 자신이 가진 고독이나 고통이 크다는 것을 조용히 표현하였다.

정약용은 많은 사람을 알고 있었지만 정작 자신의 외로움과 고통을 같이할 사람이 없었다. 그래서 정약용은 고독하였던 것이다. 그러나 정약용은 이러한 고독을 극복하고서 오히려 학문에 몰입하여 책을 집필해 나갔다.

정약용은 아무도 알아주지 않는 유배지의 삶이었기에 미래에 대한 보장이 전혀 없는 상태에서 자신의 고독과 처절한 싸움을 벌였다.

정약용은 고독이 심해질수록 더욱 글 쓰는 일로 고독을 달랬을 것이다. 일반적으로 평범한 사람들은 절망이 찾아오면 모든 것을 포기하지만, 정약용은 오히려 자신의 고독을 책을 통해서 표현하였으며, 학문의 대업을 이루었다.

08 비전으로 절망을 인내하였다

페스탈로치는 18세기 스위스의 교육개혁가로 근대 교육의 아버지라고도 불린다. 그는 살면서 인생의 목표를 빈민 교육에 두고 학생자신의 능력을 강화할 수 있도록 고안된 교수법을 전파하려고 노력했다.

페스탈로치는 1771년에 '노이호프'라는 농민학교를 설립하여 아내와 함께 어려운 농민의 자제들을 교육하는 일을 시작하였으나 얼마 못 가 실패하고 말았다.

그는 다시 1774년에는 빈민학교를 설립하여 가난한 집안의 아이들을 교육하는 일을 시작하였지만 또 실패하였다. 그는 다시 있는 돈을 모아 또다시 고아원을 설립하여 80여 명의 고아들을 가르쳤지만 이 역시 실패하고 말았다.

실패한 후 사색과 저술 생활로 세월을 보냈다. 그러나 페스탈로치는 이와 같이 거듭되는 실패에도 굴하지 않고, 어린이만의 고유세계가 있는 인격체로 존중해야 한다는 비전을 가지고 그의 모든 삶을 다 바쳤다.

그는 살아 있을 때는 계속되는 실패와 사회의 냉대를 받았다. 그러나 그는 전 생애를 통하여 온갖 고난을 견디고 비전을 실천하면서 삶을 마감하였다.

그의 묘비명을 보면 "모든 것이 남을 위해서였으며, 자신을 위해서는 아무것도 하지 않았다."라고 새겨져 있다. 페스탈로치는 죽을 때까지 그의 비전을 실천하기 위해서 노력했음을 알 수 있다.

6 · 25전쟁 때 납북된 역사학자 정인보 선생은 조선의 역사를 알려면 정약용을 공부해야 한다고 하였다. 그만큼 정약용은 한자가 생긴 이래 가장 많은 저술을 남겼으며, 사상 · 정치 · 행정 · 지리 · 의학 · 과학 분야 등 다양한 분야를 섭렵하였다.

정약용은 참으로 고뇌하는 참 지식인이었다. 정약용은 자신의 전공 분야가 아니라 할지라도 그것이 필요한 것들이라면 스스로 공부하여 알아내었고, 또한 대중화하여 백성의 삶에 보탬이 되도록 노력하였다.

요즘은 자기 전공이 아니면 다른 분야에 대하여 잘 알지도 못할 뿐만 아니라 알려고도 하지 않는 모습을 자주 볼 수 있다. 하지만 지식은 인간이 필요로 할 때 쓰일 수 있어야 하고, 필요하다면 자기 전공이 아니라도 언제든 배울 수 있어야 한다고 정약용은 솔선수범 하였다. 이러한 정약용의 비전은 무엇이었을까? 정약용이 강진에서 유배 기간에 적은 〈견우〉라는 시를 보면 정약용의 심중이 그대도 드러나 있다.

백성이 굶주려도 나를 원망 못할 거고
백성이 사나워도 나 알 바 없다네
후세에 나를 두고 말하는 이들
뜻을 얻었더라면 무언가 해냈으리라 했겠지

이 시는 바로 정약용의 마음을 단적으로 표현한 것이라고 할 수 있다.

정약용의 비전은 백성이 편한 세상을 만드는 것이었다. 그는 자신의 능력으로 백성을 배부르게 먹이고, 백성의 불만을 제거할 수 있다고 생각하였다. 그러나 세상은 그를 먼 바닷가에 유배를 보내 세상에 나와 일할 자격을 빼앗아 버리니 그 일하고 싶은 마음이 얼마나 간절했겠는가?

두 아들에게 보내는 편지에서 정약용은 자신의 비전을 이렇게 적었다.

"선비가 책을 저술해 세상에 전함은 오직 한 사람의 알아줌을 구하는 것이어서 온 세상 사람들의 꾸짖음을 피하지 않는다. 만약 내 책을 알아주는 사람이 있다면, 그의 나이가 많으면 너희는 아버지로 섬기고 너희와 엇비슷한 나이라면 형제의 의를 맺어도 옳을 것이다."

정약용은 현실에서 인정받지 못한 것에 대해서 가슴 아파했지만, 좌절하지 않고 책 쓰는 일로 자신의 비전을 실천하였던 것이다.

정약용은 자신의 어려운 처지에서도 글을 쓰게 된 원동력은 세상의 누가 알아주지 않아도 한 사람만이라도 필요하다면 가치 있는 일로 여기고, 기꺼이 자신의 지식을 후세에 전하기 위하여 책으로 남겼다.

그의 이러한 노력은 정약용이 생존 시에도 알아주는 사람이 줄지어 나타나게 되었고, 죽어서도 그를 추모하고 공부하는 사람들이 점점 늘어가고 있다.

세월이 바뀌어도 진리는 영원한 것처럼 정약용의 저서들은 세월이 바뀌었어도 우리에게 유용한 지식으로 자리를 잡고 있다. 오늘날 행동하지 않는 지식만을 가진 지식인들에게 정약용은 지식인이 나아가야 할 방향을 제시해주고 있다.

09 차茶를 마시며 인내하다

전남 강진에는 만덕산이 있는데 차나무가 많아 그곳 사람들은 다산茶山으로 불렀다. 정약용은 이곳에서 유배 생활을 할 때 이 만덕산과 차를 좋아하여 자신의 호를 다산茶山으로 정했다.

정약용은 1805년 겨울 혜장 스님의 주선으로 강진 읍내 고성사 보은산방寶恩山房에서 1806년 가을까지 보냈다. 정약용은 보은산방에 기거하면서 혜장 스님이 내주는 차를 마시면서 생활하였는데 이 맛을 잊지 못했다. 정약용의 유배 생활 동안 마음을 다스리고 인내하는데 차의 역할도 매우 컸을 것이다.

차에 대한 정약용의 애정은 걸명소乞茗疏란 유명한 편지글에 잘 나타나 있다. 걸명소는 다산초당 유배 시절에 혜장 스님에게 차를 보내주길 간절히 부탁하는 내용으로 차를 사랑하는 마음이 잘 표현

되어 있다.

걸명소의 내용을 보면 다음과 같다.

"기력이 쇠약하고 정기가 부족하여 산에 나무하려도 못 가고 병든 큰 누에처럼 생각만으로 차를 마시고 있습니다.

차는 명산名山의 진액이며 풀 중의 영약으로 으뜸인 차茶를 좀 보내주시기를 목마르게 바랍니다."

차는 차나무의 어린잎을 가공하여 만든 것을 말하며, 이것을 뜨거운 물에 우린 음료 역시 차라고 한다. 처음부터 차는 마시는 음료로서 이용된 것은 아니고, 음식과 약의 기능을 갖는 '식약동원食藥同源' 소재로서 이용되기 시작하여, 천지의 신과 조상의 제례에 사용하면서 점차 일상생활 중에 마시는 음료로 정착되었다.

기록상으로 나타난 차의 전래는 《삼국사기》에 신라 시대 때 당나라에서 차나무 종자를 가져와 지리산에 심은 데서 비롯되었다고 한다. 이 지역의 이름난 사찰인 쌍계사와 화엄사, 그리고 월출산의 도갑사 등을 중심으로 점차 전파되어 매우 유행하였다고 한다.

차는 암을 예방하고 피부 노화를 방지하는 효능 외에도 모세혈관의 저항력 증진 효과, 소염작용 효과, 심장 질병에 대한 효과, 간염 치료 효과, 체온조절 효과, 충치 예방 효과, 방사선 동위원소 침착 방지 효과, 신진대사 촉진 및 인체기관 내의 비타민 C 유지, 정상적인 눈과 녹내장 환자들의 눈에 대한 압력 감소 효과 등이 있다.

정약용이 18년 동안 고독한 유배 생활을 할 때 말없이 따뜻한 위로를 해주던 친구는 그윽한 차 향기와 더불어 다도를 즐기며 말동무가 되어 주던 혜장과 초의 두 스님이었다. 정약용은 유배 중에 심한 우울증과 분노로 화를 제대로 다스리지 못하여 몸이 좋지 않은 적이 많았다. 정약용에게 있어 차는 하나의 마시는 음료이기보다는 건강을 지켜줄 수 있는 유일한 보약이었을지도 모른다.

정약용은 귀양에서 풀려나 남양주의 고향 집으로 온 후에도 강진의 제자들이 보내주는 차를 마셨다. 그는 생애를 마감할 즈음에도 찻잔을 곁에 두고 지낸다고 할 정도로 차를 사랑하였다.

정약용이 차를 사랑하게 된 것은, 차가 단순히 마시는 용도가 아니라 다른 사람에게 마음의 안정과 유용한 건강을 준다는 데서 자신의 삶의 목적과 닮았기 때문이었을 것이다. 자신의 존재가 백성에게 차와 같이 좋은 유익한 존재가 되기를 바라는 마음에서 차를 사랑하였을 것이다. 정약용은 차를 마시며 분노의 세월을 넉넉한 여유로 잠재우고 심신을 달랬을 것이다. 차를 마시면서 세상의 이치를 깨닫고 인내하는 마음을 얻었을 것이다. 우리도 차를 마시면서 그 속에서 정약용이 느꼈을 세상과 인생에 대한 마음들을 배우도록 하자.

05

성공해야 한다

성공해야 한다

성공하는 것은 어린 과일나무를 집 안에 심는 것과 유사한 부분이 많이 있다.

어린 과일나무에서 과일이 열리려면 오랜 기간 나무를 정성스럽게 보살피지 않으면 안 된다. 거름도 주어야 하고 농약도 쳐주어야 하고, 가지도 적당히 잘라주어야 한다.

우리가 꿈꾸는 성공을 이루려면 노력을 해야 한다. 오랜 기간 공을 들여 관리하고 돌봐줘야만 성공의 목표를 실현할 수 있는 것이다.

성공하기 위해서는 구체적인 비전을 설정해야 한다.

그리고 그에 따른 목표를 세워서 하루하루 조금씩 목표를 달성해 나가야 한다. 꿈을 이루기 전까지 정성을 다하여 자신을 개발하고 역량을 길러야 한다.

정약용은 우리에게 성공하기 위해서는 노력해야 하며, 실천해야 한다는 교훈을 알려주고 있다.

01 겸손하라

정약용은 너무 똑똑했고 정조의 사랑이 너무 강했기 때문에 주변의 시기와 모함을 받고서 하지 않아도 될 유배 생활을 하게 된다. 그러나 유배 생활 속에서 자신의 능력과 지혜가 출중하였지만 그것을 사용할 수 없다는 한계를 느끼고 오직 학문과 집필로 생활을 보냈다.

정약용은 마흔이 넘는 시기에 《주역》에 대한 공부에 심취하였고, 5년간의 노력으로 《주역사전》이라는 방대한 주역 연구서를 완성하였다.

정약용은 이 책에서 "가득 차면 반드시 망하고 겸손하면 반드시 존경을 받는다."라고 기록하고 있다. 정약용은 스스로 높다고 생각하면 사람들이 끌어내리려고 하고, 겸손하면 사람들이 끌어올려 주려고 한다고 했다. 따라서 성공하기 위해서는 똑똑하다고 자만하기보다는 겸손해야 한다는 것을 의미한다.

정약용은 겸손의 중요성을 누구보다 경험하였기 때문에 유배 생활 이후에는 더욱 겸손하려고 노력하였다.

만약 정약용이 유배 생활을 하는 동안 계속 자신의 똑똑함만 믿고 자만했다면 사약이 내려져 죽음을 면하기 어려웠을 것이다. 그러나 자신을 낮추고 겸손하게 인생을 받아들이다 보니 조정에서의 반대파들은 정약용의 존재에 대해서 크게 신경 쓰지 않게 되었고, 이것이 정약용을 살리는 계기가 되었다.

겸손의 중요성을 잘 나타내는 일화가 하나 있다.

조선 시대 세종 때 우의정을 거쳐 좌의정까지 지낸 맹사성孟思誠은 천하 제일의 수재로 유명하였다. 그는 고려 말부터 여러 관직을 거쳐 세종 때까지 벼슬을 오랫동안 하였는데, 그가 관리로서 장수한 것은 바로 겸손 때문이었다. 어릴 때부터 똑똑하기로 소문 난 맹사성이 관직을 오랫동안 하면서도 겸손한 태도로 인해 적이 생기지 않았기 때문이다. 또한, 맹사성의 효행은 아버지와 함께 《삼강행실도》에 소개될 정도로 충효 사상의 철저한 실천가였다.

하지만 맹사성은 어렸을 때부터 겸손한 것은 아니었다. 주변에서 칭송이 자자하고 우수하다는 평판을 듣고 있던 터라 자만에 빠져 있었다.

맹사성이 19세에 장원급제하여 20세에 경기도 파주군수로 부임하던 시절, 그 지역 깊은 산중에 있는 절에 유명한 고승이 있다는 소문을 듣고 힘들게 찾아가 이렇게 물었다.

"이 고을 군수로서 지표로 삼아야 할 좌우명으로 무엇이 좋겠습니까?"

그러자 고승이 이렇게 대답했다.

"간단합니다. 나쁜 일 하지 말고 착한 일을 많이 하면 됩니다."

그러자 맹사성이 약간 빈정거리는 투로 실망감을 표출하며 이렇게 말했다.

"그건 삼척동자도 다 아는 사실 아닙니까? 힘들게 이 먼 길을 달려온 사람에게 겨우 그 정도 말뿐입니까?"

고승은 말없이 조용히 미소를 머금으며 찻잔에 차를 따라 주었다. 그런데 찻잔이 넘치도록 계속해서 따르는 것이었다. 그 모습을 본 맹사성이 언성을 높여 말했다.

"아니, 찻잔이 넘쳐 바닥이 다 젖었습니다. 지금 무엇을 하시는 겁니까?"

맹사성이 소리쳤지만 고승은 계속 차를 따르는 것이었다.

잠시 후, 고승이 젊은 군수에게 이렇게 말했다.

"찻잔이 넘쳐 바닥을 적시는 것은 아시면서, 지식이 넘쳐 자신의 인품을 망치는 것은 어찌 모르십니까?"

고승의 말에 맹사성은 얼굴이 붉어져 부끄러움을 감추려고 황급히 일어나 방을 나가는 순간, 방문 출입구 상단에 머리를 '쿵' 하고 부딪히자 고승이 한마디 더 했다.

"고개를 숙이면 매사 부딪히는 법이 없지요."

맹사성은 이를 계기로 성품이 검소하고 청렴하며, 살림살이를 늘리지 않고, 늘 서민과 같은 음식을 먹었다고 한다. 그리고 고향에 계신 부모를 찾아갈 때는 민폐를 끼치지 않기 위해 관가에 들리지도 않고 늘 간소하게 행차하거나 소를 타고 가기도 했다.

역경 속에서 학문을 꽃 피운 **정약용 리더십**

"벼는 익을수록 고개를 숙인다."라는 속담이 있는데, 이는 높을수록 겸손하라는 의미다. 자신이 자만하게 되면 주변에 적이 생기고, 도와주려는 사람도 등을 돌리게 된다. 그럼 결국 실패하는 사람으로 살게 된다.

겸손은, 높은 사람일수록 자신을 더욱 존경받게 만드는 요소가 된다.

진정한 리더는 주변 사람들이 만들어주는 것이지 자기 자신이 만드는 것이 아니다. '리더'라는 자리는 결코 스스로 만들 수 없는 것이다. 겸손은 성공하는 데 있어 없어서는 안 될 꼭 필요한 덕목이다. 정약용은 겸손해야만 생명력도 길게 갈 수 있을 뿐만 아니라 주변의 도움이 많아진다고 우리에게 알려준다.

02 꿈을 크게 가져라

인류의 역사는 성공한 사람들의 꿈과 비전을 바탕으로 발전해 왔으며, 그 속에서 삶의 지혜와 문명의 비전이 탄생하였다. 지금 우리가 누리고 있는 수많은 혜택도 누군가의 꿈이 실현된 것이다. 또 우리가 지금 꿈꾸는 이상은 먼 훗날 후손들을 비추는 거울이 될 것이다. 그러므로 리더가 되려면 큰 꿈을 가슴에 품어야 한다. 그래야 더 큰 지혜로 세상을 밝게 비출 수 있기 때문이다.

정약용은 성공하는 리더가 되기 위해서는 꿈을 크게 키워야 한다고 하였다.

"우리들의 가슴 속에는 늘 가을 매가 하늘로 치솟아 오르는 기상이 있어야 하며, 하늘과 땅을 조그맣게 보고 우주를 손바닥 안에 둔 것처럼 가볍게 여겨야 옳다."

유학자였던 정약용은 최종 목표로 언제나 이상적인 정치를 꿈꾸었다. 정약용은 자신이 가진 지식을 통해서 세상을 이롭게 하고 자신이 가진 이상 국가의 실현을 해야 한다는 포부를 가지고 있었다. 나라를 혁신하기 위해 정약용이 가장 심혈을 기울인 분야는 나라의 주인인 국민의 마음을 변화시키는 것이었고, 그래서 수많은 저술을 하였던 것이다.

이상 국가를 건설하는 것이 관직에서는 불가능했지만 그는 책의 집필을 통해서 그러한 세상을 이루려는 원대한 목표를 가지고 있었다. 결국, 정약용의 꿈은 이루어져 후세에 많은 사람들이 정약용의 저서를 통해 그가 꿈꾸었던 세상을 느끼고 그를 존경하고 있다.

정약용은 우리에게 리더라면 원대한 목표와 포부가 가슴에 넘실대야 한다는 것을 솔선수범으로 보여주었다. 그리고 자신을 따르는 사람들로 하여금 자신의 비전을 그들도 가슴에 품을 수 있게 그들의 마음을 흔들 수 있어야 한다고 말하고 있다.

정약용과 같은 리더가 되기 위해서는 뚜렷한 꿈을 제시하고, 구체적인 목표와 전략으로 구성원들의 공감대를 이끌어 낼 수 있어야 한다. 조직은 리더가 가리키는 곳을 향한다. 명확한 꿈일수록, 또 목표가 구체적일수록 구성원들은 에너지를 한 방향으로 집중시키기 때문에 효율성은 높아지고 성과는 몇 배 더 창출할 수 있다. 그리고 이는 구성원들의 가슴에 강력한 동기를 심어 주고 열정을 불러일으켜서 삶의 질을 높일 뿐 아니라 동일한 시간을 밀도 있게 관리하게 해 준다.

꿈의 크기를 잡는 것은 우리의 마음이다. 꿈을 크게 잡을 수도 있고 작게 잡을 수도 있다. 일부 사람들은 자신이 처음 시작하는 시점에서는 꿈을 작게 잡는 경우가 많다. 그러나 "호랑이를 그리려다 못 그리면 고양이를 그리고, 고양이를 그리려고 하면 아무 것도 못 그린다."라는 속담이 있다. 이는 꿈을 크게 그리면 비전을 다 실행하지 못하여도 상당히 성공에 가까이 갈 수 있으나, 비전이 작으면 결국 실패할 확률이 높다는 것을 의미한다.

역사 속에는 커다란 꿈을 가짐으로 인하여 자신의 성공은 물론 세계를 변화시킨 인물들이 많다. 그중에서도 칭기즈칸만큼 커다란 꿈을 세우고 이를 실현한 사람은 많지 않다.

칭기즈칸은 〈워싱턴포스트〉에서 선정한 "세계를 움직인 가장 역사적인 인물" 중 첫 번째 자리로 뽑히면서 역사 속에 새롭게 등장하였다. 그는 혹독한 역경을 딛고 일어서서 개방적이면서도 카리스마 넘치는 리더십을 가지고 세계를 지배하였으며, 그가 세운 세계 정벌 기록은 누구도 깨기 어렵게 하였다. 그래서인지 최근 TV 사극의 방영과 함께 20여 권의 책에 주인공으로 칭기즈칸이 등장하면서 칭기즈칸의 리더십에 대하여 관심을 가지는 사람들이 늘어가고 있다.

만약 칭기즈칸이 유목민의 아들로서 목동으로 크겠다는 꿈을 가졌다면 그는 목동으로 성공하였을 것이다. 그러나 그의 꿈은 세계를 정복하겠다는 커다란 꿈을 가졌기 때문에 세상을 정복하여 세계 역사상 가장 위대한 정복자가 되었다.

꿈을 가지고 있는 사람은 그 꿈을 이루기 위한 출발을 해야 하는데, 그 비전을 성취하기 위한 출발점은 항상 현재이다. 인생의 최종 목적을 확정한 사람은 현실로 돌아와서 현재의 상황을 분석하고 새로운 출발을 해야 한다.

꿈을 이루기 위한 노력은 큰 꿈이나 작은 꿈이나 모두 같다. 따라서 이왕 같은 노력을 들일 바에는 꿈은 크게 그려 보자. 꿈이 크면 클수록 현실에 더욱 충실해야 한다. 현실적으로는 게으르고 나태하면서 "무언가 큰일을 이룰 수 있겠지?"라고 생각하는 사람은 꿈을 가진 사람이 아니라 망상에 사로잡혀 있는 사람이 되기 쉽다.

지금, 여러분들의 꿈은 어떤 크기를 갖고 있는가!

03 자서전을 써 보라

정약용은 생전에 스스로 지은 묘지명이라는 뜻인 《자찬묘지명》을 두 권이나 남겼다. 원래 자신의 이름이나 벼슬, 출생일 등을 표시하여 무덤 앞에 세우는 게 묘비명이고, 묘지에 운문을 첨가해 무덤 안에 넣는 것이 묘지명이다.

묘지명을 쓰는 것은 중국 후한 때 생겨난 풍속이라 하는데, 우리나라에서는 고려 때부터 풍속으로 자리를 잡았다. 살아 있는 사람들이 묘지명을 쓰는 이유는 선비들이 자신을 돌아보는 기회로 삼았기 때문이다.

정약용은 《자찬묘지명》에 자신의 성장 배경, 중요한 일들, 저술에 대해 광중본과 집중본 두 권으로 상세하게 기록했다.

광중본은 묘 안에 넣기 위해서 지은 글로 비교적 짧고 간략하게 자신의 일생을 적은 것이고, 집중본은 뒤에 간행될 문집에 넣을 글로 꽤 길고 자세한 내용의 자서전 격인 일대기다.

정약용은 18년간의 유배 생활에서 돌아와 4년 뒤에 61세의 나이에 자신의 파란만장한 일생을 직접 기록하고 싶은 생각에 묘지명을 적게 되었다. 특히 집중본에서 자신의 방대한 학문 체계를 일목요연하게 정리하였다. 그의 학문의 흐름과 체계를 이해하는 데는 묘지명을 보는 것이 가장 빠른 이해의 길이 될 것이다. 따라서 정약용에게 있어《자찬묘지명》은 정약용 자신의 자서전이라고도 할 수 있다.

정약용은《자찬묘지명》에서 이제까지의 삶을 되돌아보면서 자신의 내면을 가장 진실하고 매우 객관적인 사실에 근거한 내용만을 열거하고 있다. 단순히 자신의 삶을 정리하고 반성하려는 차원이 아니라, 그동안 세상이 생각했던 자신에 대한 왜곡과 잘못된 이해가 역사 속에서 전해지는 것을 막기 위함이었다. 그래서《자찬묘지명》에서는 자신이 지금까지 살아온 삶에 대해서 세상이 잘못 생각하고 있는 부분들을 충분히 해명하려는 노력들이 보인다.

이는 정조에게 총애를 받다 하루아침에 유배 생활을 시작하면서 천당과 지옥을 오가는 심정으로 살았기 때문에 세상에 대한 편견과 잘못된 사실들을 바로 잡으려는 욕구가 컸으리라고 생각한다.

아쉬운 것은 61세에《자찬묘지명》을 적었기 때문에 75세까지의 행적을 담지 못했다는 것이다. 그러나 정약용과 같은 대학자의 일생을 생생하게 읽을 수 있다는 점에서 민족적으로 행운이며, 정약용을 공부하는 사람들에게 많은 도움이 되고 있다.

이순신 역시 난리 중에 모든 일을 그의 일기에 기록했다. 짧게 글을 썼지만 거의 하루도 빼놓지 않고 기록으로 남겨 두었다. 이순신에게는 위장병 등 지병이 있었으며 매일매일 나라 걱정과 백성에 대한 근심으로 제대로 잠을 이루지 못하고 있었는데, 《난중일기》에 그런 이순신의 모습이 나타나 있다. 전라좌수사라는 직위는, 때로는 어느 누구에게도 말하지 못할 고민과 어려움이 있었을 것이며, 아픔도 있었을 것이다. 이러한 고민과 어려움을 그는 매일 밤 붓을 들어서 써 내려가기 시작했다. 하루는 왜적과의 전투를 쓰기도 하고, 하루는 전쟁의 준비를 쓰기도 하고, 하루는 가족의 안부를 적기도 했다. 결국, 이순신의 일기는 이순신 자신에게 힘을 주고 그의 마음을 위로하고 있었다. 일기라도 쓰지 않으면 마음에 있던 고통과 역경을 이겨내지 못했을지도 모른다.

이러한 일기를 통해 이순신은 내일을 준비하고 나라의 앞날을 걱정하고 있었다. 《난중일기》는 무려 2,539일간의 기록으로, 이순신은 여기에 자신의 삶과 생각과 조선의 미래를 적었다. 밤마다 일기를 통하여 힘을 얻었던 이순신은 조선을 지켜나가고 있었다.

역경 속에서 학문을 꽃 피운 **정약용 리더십**

이순신은 매일 호롱불 아래서 지필을 꺼내 자신과 대화를 하고 있었다. 누구에게도 말하지 못하는 이야기를 자신에게 하고 있는 것이다. 신하로서, 자식으로서, 장수로서 다양한 역할에 대해 자기 자신과의 독백이었다. 이러한 독백의 일기는 흔들리는 이순신을 더욱 강한 사람으로 만들었다. 정약용도 《자찬묘지명》을 쓰면서 자신의 억울함을 표현해 보고 싶기도 하고, 치적을 남기고 싶었을 것이다. 그것이 학자로서의 마음과 영혼을 더욱 단단하게 만드는 계기가 되어 죽을 때까지 학문에 정진하게 하였다.

이순신 장군이 《난중일기》를 쓰면서 조선을 구하겠다는 신념을 세웠다면, 정약용은 《자찬묘지명》을 적으면서 조선의 훌륭한 학자가 되어야겠다는 신념을 세웠다. 따라서 우리도 자서전을 미리 써본다면 자신의 신념을 세우고 인생을 구체적으로 어떻게 살아야 하는지를 생각해 볼 수 있는 시간을 갖게 된다. 그래서 지금의 삶에서 바꾸어야 할 부분과 충족해야 할 부분을 수정해 가다 보면 자신이 쓴 자서전이 자신의 삶이 될 수 있을 것이다.

04 옳은 것을 행하라

중국 고대의 사상가로 유교의 시조인 공자는 인생 최고의 덕을 어진 사람이라고 보았다. 공자는 기원전 551년 오늘날 중국의 산둥성 취푸曲阜 동남쪽에서 하급 귀족 무사인 아버지 숙량흘叔梁紇과 어머니 안顏씨 사이에서 태어났다.

공자는 3세 때 아버지를 여의고 17세 때 어머니를 여의였으며, 19세 때 송나라 출신 여인과 혼인했다. 20세 때부터 창고지기로 일했고 가축 사육일도 맡았지만 주나라 관제와 예법을 꾸준히 공부하면서 예禮 전문가로 유명해지기 시작했다.

공자는 노나라에서 제자를 가르치며 문헌을 정리하며 《춘추春秋》를 완성했다. 그리고 기원전 479년 73세 때 세상을 떠났다. 그는 자신의 인생을 다음과 같이 말했다.

15세 - 지학志學 : 학문에 뜻을 두었다.

30세 - 이립而立 : 마음이 확고하게 도덕 위에 서서 움직이지 않는다.

40세 - 불혹不惑 : 어떠한 유혹에도 흔들지 않는다.

50세 - 지천명知天命 : 하늘의 뜻을 알았다.

60세 - 이순耳順 : 어떠한 감언이설이나 흉언에도 흔들리거나 노하지 않았다.

70세 - 종심從心 : 하고 싶은 일을 다해도 법도에 어긋나지 않았다.

정약용은 18년간 길고 긴 유배 기간을 통해 많은 저서도 남겼지만 인생을 골똘하게 생각할 시간적 여유를 지녔기에 인생을 어떻게 살아가야 가치 있는 삶이고 의미 있는 삶이 되는지에 대하여 오랫동안 고민하였다.

정약용은 큰아들에게 보내는 편지에 "세상을 살아가려면 두 가지의 큰 기준이 있는데 하나는 옳고 그름의 기준이고, 둘째는 이롭고 해로움의 기준이다. 이 두 가지 기준에는 네 가지의 등급이 있다."라고 하였다. 네 가지의 기준을 보면 다음과 같다.

가장 높은 단계 : 옳음을 고수하고도 이익을 얻는 삶

두 번째 단계 : 옳음을 고수하고도 손해를 입는 삶

세 번째 단계 : 그름을 추종하고도 이익을 얻는 삶

가장 낮은 단계 : 그름을 추종하고도 손해를 입는 삶

정약용은 사람의 삶에서 가장 중요한 삶인 "옳음을 고수하고도 이익을 얻는 삶"을 살도록 아들에게 가르쳤다. 정약용은 그름을 추구하고 손해를 입는 삶은 하늘의 뜻이니 당연하지만, 인생의 상당 부분은 세상의 옳음을 고수하고도 손해를 당하는 경우가 너무 많고, 그름을 추종하고도 이익을 얻는 경우가 많다는 것을 이미 많이 보아왔다.

실제로 정약용은 자신이나 자신의 지인들이 옳음을 고수하고도 세상의 박해를 받고 죽음을 당하는 일을 자주 보아왔다. 또한, 당시 조정에는 일은 하지 않고 왕에게 좋게만 보이려고 하는 간신들이 많았고, 백성의 피를 빼는 탐관오리들이 호의호식하고 사는 것을 보아왔다. 정약용은 이러한 세상의 불합리함을 인식하고 있었지만 아무리 손해를 보더라도 옳고 바르게 사는 삶을 포기해서는 안 된다고 하였다.

정약용은 사람이 옳고 바르게 사는 삶을 살 때 비로소 가치 있는 삶이라고 하였다.

정약용은 대신들에게 조금만 아부하고 애걸하면 귀양살이에서 풀려날 수 있었을지도 모른다. 그러나 정약용은 옳음을 고수하고 손해를 입는 삶을 살았다. 그래서 그의 삶은 우리들에게 귀감이 되고 있는 것이다.

오늘날 많은 정치인들이 올바르지 못한 삶을 살아서 지금까지 쌓아온 명성이나 권력을 한꺼번에 잃고 감옥에 가는 경우가 많다. 그리고 장관이 되려는 많은 사람들이 자신의 삶 속에서 올바르지 못한 삶 때문에 청문회에서 거짓말만 되풀이하여 신뢰감을 저버리거나 낙마하는 경우가 많다.

오늘날은 인터넷에 의하여 개인 정보가 저장되고 노출되므로 과거에 무심코 했던 바르지 못했던 일들이 나중에 자신의 출세에 발목을 잡는 경우가 비일비재하다. 따라서 큰 사람으로 성공하기 위해서는 어렸을 때부터 올바른 일만 하고, 바른 삶을 살도록 해야 한다.

05 포기하지 마라

성공할 수 있는 기회는 연령과 성별을 구별하지 않고 누구에게나 똑같이 찾아온다. 나이 든 사람들은 가끔 "이 나이에 무슨 기회가 찾아오겠나."라고 한탄하면서 절망에 빠지기 쉽다. 그러나 역사 속에는 많은 나이에도 성공한 사람이 많다. 김대중 대통령은 수많은 고난과 역경을 딛고 72세의 나이에 기회가 찾아와 대통령이 되었다. 이명박 대통령도 현대건설 사장, 서울시장을 비롯하여 다양한 경력을 쌓으면서 67세의 나이에 대통령이 되는 기회를 잡았다.

정약용은 40세의 나이에 유배를 가서 본격적으로 학문에 대한 공부를 시작하였다. 50세가 넘어서 《아방강역고》, 《예전상기별》, 《맹자요의》, 《경세유표》, 《흠흠신서》 등을 남겼으며, 70세가 넘어서도 《상서고훈》, 《지원록》, 《매씨서평》 등을 남겼다. 정약용이 나이가 들면서 저술한 저서를 보면 학문적으로도 깊이가 있지만, 풍부한 감성을 노래한 아름다운 시도 많이 있다. 따라서 정약용은 나이와 상관없이 창작 의욕이 불타올랐다는 것을 알 수 있다. 오히려 나이를 먹을수록 더욱 완숙한 창작 활동을 한 정약용을 보고 우리는 일은 나이와 상관없는 것이라는 것을 깨달아야 한다.

정약용의 강진 유배는 그리 만만한 것이 아니었다. 그가 쓴 편지들을 보면 직접적으로 신세를 한탄하거나 자신을 버린 세상에 대해 원망을 하지 않았다. 단지 은유적으로 자신의 절박한 심정들을 토로하였다.

정약용은 한때 정조의 총애를 한몸에 받으며 조선의 역사를 이끌었기에, 자신은 한 번도 나락으로 떨어질 것이라는 생각을 가지지 못했을 것이다. 그러했기에 정약용 자신에게 유배는 충격적이었을 것이다.

정약용은 40세에 세 살짜리 사랑하는 막내아들을 처의 품에 맡기고 유배를 가야 했다. 둘째 형 약전과는 함께 유배를 떠나고, 셋째 형 약종은 대역 죄인으로 참수당하니 집안은 완전히 풍비박산되었다. 천 리 길 전라도 강진 땅으로 터벅터벅 무거운 걸음을 옮기는 정약용의 심정도 나락으로 떨어지는 느낌이었을 것이다.

정약용은 강진에 가서도 대역 죄인이라는 타이틀이 붙어 있었기 때문에 백성의 인심은 한없이 차가운 것을 느꼈다. 그는 거처할 곳을 찾느라 분주했지만 어느 누구도 죄인인 정약용을 따뜻하게 맞아주지 않았다. 그런 속에서 주막의 노파가 내준 허름한 방에서 첫날 밤을 보내게 된다. 어제까지 조선의 나는 새도 떨어뜨린다는 암행어사를 지냈고, 형조참의를 지낸 자신이 밤을 보내는 주막의 허름한 방은 차가운 감옥보다 더욱 잔인하였을 것이다.

더욱이 정약용을 미래의 뛰어난 재상으로 지목했던 정조가 급사했던 것이다. 자신을 유배에서 풀어줄 유일한 구세주였던 정조마저 세상을 떠나자 그에게는 이제 세상에서 믿고 의지할 곳이 없어진 것이다.

아마도 낙심하고 또 낙심하였을 것이다. 분노로 잠도 제대로 자지 못했을 것이다. 더욱 가슴을 아프게 했던 것은 두 아들에 대한 소식이었다. 아버지가 죄를 지어 그 자손이 벼슬을 할 수 없는 집안이 되자 총명하던 두 아들이 세상에 대한 원망으로 학문을 정진하지 않는다는 사실을 알고 마음이 너무 아팠다.

이전까지 자신에게 줄을 대려던 양반들이나 주변의 친척들도 대역 죄인의 집안이라는 이유로 발길이 뜸했을 뿐만 아니라, 일가친척들도 생활이 어려운 정약용의 자식들을 돌봐주는 사람이 없었다. 한마디로 권력 무상이라는 생각이 들었을 것이다.

그래서 정약용은 여러 차례 편지를 보내 자식들에게 자신의 억울함을 후세에 전해주기를 권하고, 결국은 강진으로 내려오게 하여 직접 가르치기도 하였다. 정약용은 이러한 심정을 자신에게 찾아와 공부하고 떠나는 아들 학유에게 글로 남겼다.

"아침에 일찍 햇볕을 받는 곳은 저녁에 그늘이 먼저 이르고, 일찍 피는 꽃은 지는 것 역시 빠르다는 것을 알아야 한다."

권력이 높으면 그만큼 빨리 진다는 철학을 깨달은 정약용의 마음이었다.

이러한 절망에 놓인다면 누구든지 자포자기하였을 것이다. 그러나 정약용은 달랐다. 정약용은 모함과 유배의 고난 길에서 자신을 돌이켜보고 주어진 환경 속에서 백성을 위해 자신이 해야 할 일이 무엇인지 찾고자 하였다. 그리고 관념이 아닌 현실 속에서 해답을 만들어 내고자 실천하였다.

정약용은 자신의 절망적인 상황을 오로지 책을 통해 자신이 이루지 못한 이상 세계를 실현하고자 뼈를 깎는 고통을 감내하면서 창작의 세계에 몰입하였다. 그는 역경 속에서도 죽을 때까지 멈추지 않고 왕성한 저술 활동을 하였다. 포기할 줄 모르는 강한 열정의 바탕은 그의 비전이 뚜렷하고 확고했기 때문이다. 정약용은 자신의 삶을 통해서 후세를 사는 우리에게 절망이 있다고 포기하지 말고 비전을 가지고 도전하라고 가르침을 주고 있다.

결국, 성공은 나이를 불문하고 노력하는 사람에게는 누구에게나 찾아온다. 다만, 성공의 열쇠는 도전을 포기하느냐 포기하지 않느냐에 달려 있다. 포기하게 되면 성공은 비켜가거나 더 많은 위험과 위기가 다가올 것이다. 하지만 포기하지 않고 도전한다면 언제든지 행운과 성공이 찾아올 것이다.

06 성취 욕구를 높여라

행동 심리학의 권위자인 미국의 데이비드 매클렐런드는 성취 욕구의 강약이 업무나 학습에 큰 영향을 준다고 봤다. 성취 욕구란 어떤 것을 이루려는 욕구를 말한다. 이러한 성취 욕구가 강한 사람은 성공에 대한 강한 욕구를 가지고 있다. 따라서 성취 욕구가 강하면 목표 달성에 성공할 가능성이 클 뿐만 아니라 웬만한 어려움도 극복할 수 있다.

정약용이 제자 황상에게 보낸 편지 중에 '견서여시見書與詩'라는 것이 있다. 그 내용 중에는 "황상을 열흘 만에 제자로 받아들였으며, 여러 제자 중에 학문과 인품 등 모든 면에서 가장 아끼는 제자다."라고 쓰여 있다.

또 정약용이 황상에게 "학문에 정진하면 크게 성취할 수 있으니 부지런히 연마하라."라고 당부하였다. 이 글을 보면 정약용이 학문에 정진하는 이유를 성취라고 하였다. 즉 공부를 열심히 하면 크게 성공할 수 있다는 말이다.

성취욕이 강한 사람은 성공하려는 의지와 실패하지 않으려는 노력에 따라 행동하게 된다. 능력이 비슷하다면 해내겠다는 의지가 있느냐 없느냐에 따라 결과가 달라진다. 이런 의지를 불러일으키는 것을 심리학에선 '성취 욕구' 또는 '동기'라고 한다.

정약용은 자신의 뜻으로 세상을 변화시키려는 성취 욕구를 가지고 있었으나 현실은 그것을 허용하지 않았다. 그래서 그가 할 수 있었던 것은 바로 학문에 대한 성취 욕구를 갖는 것이었다. 학문을 통해서 자신이 처한 현실의 절망을 극복하고 성취감을 얻고자 하였던 것이다. 정약용은 그러한 성취감으로 인하여 530여 권의 저서를 남길 수 있었다.

정약용은 책을 쓰면서 성취감을 높일 수 있었다. 정약용은 언제 죽음을 당할지 모르는 유배 생활 속에서 복숭아뼈가 세 번이나 보여 일어서서 글을 써야 하는 상황에서도 흔들리지 않을 수 있었던 것은 바로 정약용의 성취감 때문이었다. 힘든 상황에서도 한 권씩 만들어 내는 책을 통해서 그동안의 육체적, 정신적 고통을 딛고 일어설 수 있었다. 이런 성취감이 쌓이다 보니 정약용은 죽을 때까지 책을 쓰는 삶을 살 수 있었던 것이다.

정약용에게 있어, 성취감은 이처럼 인생의 목표를 이루게 하는 강력한 힘이었다. 자신이 하는 일에 대해 성취감이 생길 때 더 하고 싶은 욕구가 생기고, 그로 인해 성공해야겠다는 목표 의식이 생기게 된다.

성공한 사람들은 아무도 알아주지 않는 일이라도 묵묵히 자신의 일을 해나가면서 성취감을 느끼는 사람들이다.

07 배운 것은 꼭 활용하라

　배운 것은 활용하지도 않으면서 공부만 하는 것은 아무런 의미가 없다. 일반인들이 지식을 습득하는 것에 집중한 반면에 정약용은 자신이 알고 있는 지식을 써먹으려고 노력하였다.

　옛말에 "구슬이 서 말이라도 꿰어야 보배"라는 말이 있듯이 정약용은 자신의 지식을 꿰는 재주를 가지고 있었던 것이다.

　정약용은 무엇이든 흥미가 생기면 지식을 모아서 제목을 정하고, 목차를 만들고, 관련 자료나 정보들을 채워 넣고 자신의 지식으로 엮어서 책을 만들었다. 정약용의 집필 활동은 한 분야에만 집중되었던 것이 아니라 호기심이 가거나 백성을 위해서 필요한 것이라면 가리지 않고 시작하였다. 이러한 집필 활동은 여러 가지의 책들을 동시에 진행하기도 하고, 한 권의 책을 집필하면서 한 부분을 확대하여 또 한 권의 책으로 집필하기도 하였다.

실제로 정약용이 56세 때 유배지인 강진에서 《경세유표》를 집필하였다. 《경세유표》는 유교의 기본 이념을 나라를 다스리는 기준으로 하되, 당시 조선의 현실에 맞도록 기존 정치 제도의 문제점을 해결하려는 내용으로 되어 있다. 현 제도에 대한 문제와 실증적인 사례를 담고, 이를 개혁해야 하는 필요성을 강조하였다.

정약용은 《경세유표》를 통해 조선의 정치·사회·경제 제도를 이吏·호戶·예禮·병兵·형刑·공工의 육전 체제六典體制로 개혁하고, 나라를 부자로 만들고 강하게 하고자 하였다. 여기에서 그는 토지 제도의 개혁과 민생 안정뿐만 아니라 기술 발달과 상공업 진흥을 통하여 나라를 부자로 만드는 방법도 제안하였다.

각종 제도의 개혁이 바르게 이루어지기 위해서는 관리들의 변화가 필요했는데, 이를 위해서 정약용은 조선 최고의 저서로 평가받고 있는 《목민심서》를 집필하였다. 《목민심서》는 목민관들의 역할을 정리한 사례집이다. 정약용은 《목민심서》를 집필하면서 형법 집행의 중요성을 절감하게 되자, 이 부분만 따로 확대하여 다시 《흠흠신서》를 집필하였다.

결국, 매년 정약용은 국가를 이상적으로 통치하기 위한 방법으로 《경세유표》를 지었고, 실무자인 관리의 변화를 위해 《목민심서》를 지었으며, 그중에서 법과 관련된 문제들만을 모아서 《흠흠신서》를 지었다.

정약용은 요즘으로 치면 아무것이나 주어지면 완수해 나가는 창의적 인재이다. 21세기 디지털 혁명 시대에 걸맞는 창의력 있는 인재를 키우려면 어떻게 해야 할까? 바로 정약용과 같은 다양한 재능을 가진 인재를 양성해야 한다. 과거에는 한우물형 인간이 대접을 받는 때도 있지만, 지금은 정약용처럼 모든 분야에서 자신의 능력을 발휘할 수 있는 사람이 필요한 시기이다. 정약용과 같은 인재가 한 명만 있어도 국가나 기업은 자신들이 얻고 싶은 목표를 얻을 수 있을 것이다.

정약용이 우리와 다른 것은 우리는 배우는 것에 만족하지만 정약용은 배운 것을 활용했기 때문에 가치가 있는 것이다. 이제 우리도 정약용처럼 무엇인가를 배운다면 그것을 활용하는 삶을 살 때 비로서 배움이 가치 있는 것이 되고, 사람들에게 희망을 줄 수 있다. 따라서 배움에는 뚜렷한 목표를 가지고 시작해야 하며, 배우면 꼭 써먹어야 한다는 생각으로 공부해야 한다.

08 멀티 플레이어가 되라

정약용은 '한자漢字가 생긴 이래 가장 많은 책을 쓴 사람'으로 평가받을 만큼 방대한 학문적 업적을 남겼다. 그는 생전에 무려 530여 권에 달하는 저서를 남겼는데, 그 범위도 유교, 정치, 경제, 철학, 문학, 정치, 법률, 역사, 경제, 의학, 음악, 기계 설계, 지리 등으로 매우 다양하여 많은 사람에게 놀라움을 준다.

정약용은 과학자, 철학자, 행정학자, 의학자, 기술자 등의 다채로운 면모를 갖춘 사람이다. 이 때문에 정약용이라는 인물 자체가 하나의 다산학茶山學이라는 '학문'이 되기도 한다. 오늘날에도 정약용을 공부하거나 흠모하는 사람들이 늘어가고 있다. 남들은 평생 한 가지도 제대로 못 하지만 정약용은 하고 싶은 것은 무엇이든 해냈다. 이처럼 한 사람이 여러 가지 지위와 역할을 수행할 수 있는 것을 멀티 플레이어라고 한다.

우리에게 정약용이 있다면 서양에는 벤자민 프랭클린이 있다.

벤자민 프랭클린은 노력하면 무엇이든 이룰 수 있다고 생각한 사람이다. 남들은 한 가지 분야에서 성공하기도 힘들지만 벤자민 프랭클린은 평생을 살면서 인쇄공, 주간지 발행인, 의용병 대장, 시의원, 작가, 정치가, 애국자, 과학자로 미국 역사 발전에 지대한 공헌을 하였다. 그는 10세 때부터 학교를 그만두고 마땅한 정규 교육을 제대로 받지는 못했지만 멀티 플레이어로서 전문적인 지식을 습득하기 위하여 끊임없는 노력을 하였다.

벤자민 프랭클린은 미국 건국 초기에 워싱턴 장군을 도와 미국이 독립하는데 중요한 역할을 수행하였다. 그는 독립선언서를 만드는데 이바지하였으며, 대통령직 외에는 국가의 중요직을 골고루 맡았던 위대한 사람이었다. 벤자민 프랭클린은 다양한 경력을 바탕으로 창의성을 발휘했다. 그의 놀라운 창의성은 피뢰침, 2촛점 안경, 스토브 이외에도 수많은 발명으로 이어졌다.

벤자민 프랭클린은 항상 변화와 혁신을 꿈꿔왔다. 영국의 식민지에서 독립하기 위해 직접 의용병 대장이 되었으며, 독립선언서 작성에 주도적으로 참여하였다. 미국이 독립된 후에도 국가의 기틀을 혁신적으로 변화시키는데 앞장섰다. 오늘날 미국이 지금처럼 강대한 국가로 자리를 잡게 하는데 벤자민 프랭클린의 역할이 컸다는 것을 알 수 있다. 이처럼 벤자민 프랭클린은 제대로 교육의 혜택을 받지 못했으면서도 하면 된다는 정신으로 스스로 학습을 통하여 자신의 인생을 멀티 플레이어로 변화시키고 미국의 역사를 변화시켰다.

우리나라에서는 이미 오래전부터 한 사람이 여러 가지의 직위나 직업을 가지고 있거나 다양한 역할을 수행할 때 멀티 플레이어라는 말 대신 '박학다식'이나 '만능'이라는 단어로 사용하고 있었다. '박학다식'이란 학식이 넓고 아는 것이 많음, 또는 학문이 넓고 식견이 많음을 의미한다. '만능'이란 온갖 일에 두루 능통함, 또는 온갖 것을 다 할 수 있음을 의미한다. 이처럼 박학다식이라는 말은 지적 영역에서 국한되어 있는 반면 만능은 행동적인 영역에 적용되고 있다. 그런데 이러한 전통적인 용어들인 '박학다식', '만능' 등의 표현이 2002년 한일월드컵 이후 '멀티 플레이어'라는 용어로 통일되어 가고 있다.

정약용은 멀티 플레이어로서 다양한 지위와 역할을 가지고 있었으며, 자신만의 전문적인 분야에서 해박한 지식을 가지고 있으면서도 다른 분야에서도 두루 능통하여 온갖 것을 다 할 수 있는 사람이었다.

앞으로 살아갈 세상은 폭넓은 지식을 지닌 인재를 요구한다. 새로운 문화와 첨단과학 기술은 여러 학문 분야와 예술이 만나는 곳에서 탄생한다. 창조란 여러 학문이 만나서 새로운 주제가 탄생하는 과정을 의미한다.

이제 한우물형 인재가 중요한 것이 아니라 정약용과 같이 다재다능한 능력을 가진 멀티 인재가 필요한 때이다.

06

리더십을 가져라

리더십을 가져라

리더십이란 우리말로 지도력, 통솔력, 지휘력 등으로 번역되어 사용되고 있다.

일반적으로 리더십은 한 개인이 다른 구성원에게 이미 설정된 목표를 향해 정진하도록 영향력을 행사하는 과정으로 정의하고 있다.

리더란 목표를 제시하고, 이 목표에 대해 구체적으로 설명하고, 왜 이 목표를 달성해야 하는가를 의사 소통을 통해 설득하고 납득시키며, 리더 자신이 그 목표 달성을 위하여 솔선수범하여 열심히 일하는 것을 의미한다.

따라서 리더십은 오늘날 사회라는 조직 속에서 살아가기 위하여 매우 필요한 요소가 될 수밖에 없다.

리더십은 조직의 목표를 달성하기 위한 지도자로서의 역할이기도 하고, 솔선수범하는 리더로서 자신을 발전시키기 위한 행동목표라고 할 수 있다.

다른 사람들이나 조직을 효과적으로 리드하기 위해서는 자신을 먼저 리드할 줄 알아야 한다. 자신의 유일한 리더는 자기 자신밖에 없다.

이러한 의미에서 요즈음은 셀프 리더십을 중요시하고 있다.

셀프 리더십은 우리 스스로 자신을 리드하여 참된 자신의 리더가 되는 것을 실현하는 것이다.

리더십은 타고난 재능이나 유전적인 영향을 받기보다는 후천적으로 계속해서 발전되는 것이다.

정약용은 타고난 리더십을 통해서 자신의 변화는 물론 조선의 변화를 이끌어내려고 하였다.

01 인재를 등용하라

　중세에서 근대로 넘어가는 시대의 전환기를 살았던 지식인으로서 정약용은 당시의 인재였다. 정약용은 자신의 학식과 경험을 바탕으로 사회 현실을 예리하게 관찰하면서 다방면에 걸쳐 체계적인 개혁사상을 제시하였다.

　좋은 세상을 만들기 위해 온갖 정성을 다 기울였던 정약용이야말로 인재 등용 정책에 높은 관심을 기울이면서 기회 있을 때마다 그 문제를 언급했다. 인재를 양성하기 위해서는 교육에 대한 차별을 없애고 인재를 뽑을 때는 신분, 지역성을 탈피하자는 주장을 하였다.

　당시 조선 시대에는 국가에서 필요로 하는 인재를 양성하는 학교가 서울과 지방에 널리 분포되어 있었다. 교육 내용은 주로 통치 이념인 유교적 윤리관을 보급하였다.

서울의 성균관, 4학, 종학, 잡학과 지방의 향교, 양사재 등은 국가에서 설치 운영하는 관학에 속하고, 서재나 서당, 가숙家塾 및 서원은 사학으로 분류된다.

조선 시대에 존재했던 이러한 학교들은 시대의 변화에 따라 지배층의 신분적 이해관계와 교육 정책의 변화에 의해 생겨나기도 하고 없어지기도 하였다.

정약용은 당시 학교가 이론이나 논의를 중시하는 교육에서 생활에 대한 실천적인 교육으로 바뀌어야 한다고 했다.

조선 시대의 과거 제도는 신분이 천한 사람은 물론, 같은 양반이라도 서자 출신은 응시할 수 없었으며, 신분상으로 일반 서민인 양인良人과 양반만이 응시할 수 있었다. 그러나 양인이 급제한 사례는 적어 대부분 순수한 양반들만 합격하는 구조로 되어 있었다. 이러한 신분 차별에 의해 아무리 능력이 있거나 재능이 있어도 자신의 재능을 펼칠 기회가 주어지지 않아 사회적으로 절망하거나 때로는 반란을 일으키기도 하였다. 이에 대해서도 정약용은 귀족 자제 위주의 교육으로 인한 교육 기회의 불평등, 과거 제도의 폐단 등을 비판하면서 교육 현실에 대한 깊은 성찰을 바탕으로 새로운 교육제도 개혁안을 제시하였다.

정약용은 이론 위주의 교육보다는 생활에 필요한 교육이 중요하며, 교육의 기회도 일반 백성에게 주어져 평등한 교육의 기회가 주어져야 한다고 하였다. 또한, 과거 제도도 신분 차별을 철폐하여 유능한 인재들이 국가의 중요한 일들을 책임지고 일할 수 있는 기회를 주어야 한다고 하였다. 이와 같은 정약용의 주장은 당시 사회가 직면해 있던 봉건 제도를 극복할 수 있는 탁월한 것이었다.

물론 정약용의 개혁론은 당대에 받아들여지지 않았지만, 후대의 주목과 관심을 받으면서 지금까지 정약용의 학문적 업적에 대한 많은 연구가 계속 이어지고 있다.

오늘날 학계에서는 정약용을 실학사상의 집대성자이자 조선 후기 사회가 배출한 대표적 개혁 사상가로 평가하고 있는 것이다.

정약용 자신도 정조에게는 탁월한 핵심 인재였다. 그러나 순조가 왕위에 오르면서 정약용의 가치를 알아주는 사람이 많지 않았다. 정약용은 이처럼 자신을 몰라주는 세상이 한탄스러웠을 것이다.

정약용의 다양한 지식과 경험은 능히 조선을 발전시키고도 남았지만, 당파 싸움으로 인해 자기 쪽의 이익만을 생각했기에 제도권에서는 활용되지 못하였다. 결국, 조선의 기운은 점점 약해져 갔다.

최근 기업에서는 우수 인재 확보를 위하여 노력하고 있다. 지금은 1명이 1만 명을 먹여 살리는 핵심 인재가 필요한 시대로 돌입했다. 앞으로 리더의 자질 중에 중요한 것이 바로 핵심 인재를 구별할 줄 아는 능력이다. 핵심 인재를 얼마나 확보하느냐에 따라 자신의 조직이 성장하느냐 사라지느냐를 결정하기 때문이다. 이러한 시기에 정약용의 인재 등용론은 핵심 인재를 양성하고 선별하는데 방향을 제시해 준다.

02 사람을 적재적소에 기용하라

　정약용은 리더가 되려면 인재를 적재적소에 배치할 줄 알아야 한다고 하였다. 적재적소는 인물이 적당한 자리에서 능력을 충분히 발휘할 수 있어야 한다는 뜻이다.

　정약용은 말했다. "옛날의 어진 임금들은 눈이 먼 소경은 음악을 연구하게 하였고, 절름발이는 대궐문을 지키게 하였고, 고자는 후궁의 처소를 출입게 하였고, 장애인이나 허약하여 쓸모없는 사람이라도 적당한 곳에 적절하게 용무를 맡긴다."

　결국, 좋은 리더가 되기 위해서는 사람의 능력에 따라서 그 사람의 능력을 최대한 활용할 수 있어야 한다는 것이다.

　시오노 나나미의 《로마인 이야기》를 보면 로마 제국의 성공하는 황제와 실패하는 황제의 뚜렷한 차이점을 볼 수 있는데, 그것이 바로 장수들을 배치하는 방식이다. 카이사르는 자신의 휘하에 있는 장군 중에 공격적인 성향이 강한 장수는 영토를 확장하기 위해 공격이 필요한 갈리아^{현 프랑스} 인근이나 카르타고^{현 이집트} 등지로 보내고, 수비에 능한 장수는 적의 공격이 많은 수비 지역인 스페인 쪽으로 발령을 내었다. 결국, 카이사르의 장군들은 자신들이 잘하는 일을 맡았기 때문에 자신들의 능력을 십분 발휘하여 성공적인 임무를 완수하였고, 카이사르는 로마의 황제가 되었다. 그러나 실패한 황제들은 장수들의 특성을 잘 모르고 이를 어긋나게 배치해 수비가 필요한 지역에서는 공격을 해서 문제를 일으키고, 공격이 필요한 지역에서는 수비에만 치중하다 시기를 놓쳐 결국은 전쟁에서 패배하거나 영토를 잃게 되는 등의 잘못을 저지르다 국력이 약화되는 결과를 초래하였다.

무능력한 리더는 자신이 똑똑한 줄 알고 모든 것을 혼자 다하려는 생각을 하고 있다. 다른 사람을 시키는 것이 마음에도 들지 않고 자신만큼 할 수 없다는 생각이다. 능력이 뛰어난 사람은 규모가 작은 일을 혼자서 빠르게 잘할 수 있을 것이다. 그러나 일의 규모가 커지게 되면 자신이 감당할 수 없거나, 시간이 많이 들 때가 생기게 된다. 예를 들면 나 혼자 집을 청소하는 것은 가능하지만 동네 전체를 청소하는데 혼자 일하게 되면 한계가 생기거나 시간이 많이 걸릴 것이다. 무능력한 사람이라면 결국 언젠가는 포기하게 된다.

진정한 리더가 되기 위해서는 자신만의 능력을 가지고 일하기보다는 조직원들이 저마다 잘하는 것을 믿고 맡겨야 한다. 그리고 중간에 점검하여 부족한 점은 채우고 넘치는 것은 덜어내야 한다. 이러한 적재적소에 인력을 배치하는 것은 개인들의 힘을 합친 것보다 전체의 합이 더 큰 위력을 발휘하게 한다.

실제로 조직원은 많지만 재대로 조직이 움직이지도 못하고 우왕좌왕하는 곳도 있지만, 작은 조직을 가지고도 몇 배의 일을 효율적이고 효과적으로 운영하는 곳이 있다. 그것은 바로 조직원의 수가 많은 것이 중요한 게 아니라 어떻게 인재를 적재적소에 배치하느냐에 따라서 그 기업이 발전하기도 하고 쇠퇴하기도 한다는 것을 증명하는 것이다.

세상의 변화에 빠르게 생존 경쟁을 해야 하는 기업의 입장에서도 인재를 적재적소에 배치하는 것은 무엇보다 중요한 일이다. 기업에서 직원들을 적재적소에 배치하기 위해서는 우선 선발 자체에서 학벌이나 성적 위주의 인사에서 벗어나 해당 분야의 현장 경험이나 잠재 능력, 창의력, 개인의 역량을 잘 파악해서 뽑아야 한다. 기업은 연구만 하는 곳이 아니고 나아가 영업도 해야 하고, 관리도 해야 하는 곳이기 때문이다. 그러나 학벌과 성적으로만 인재를 뽑는다면 그들에게 필요한 영업과 관리는 누가 할 것인가를 고민해야 할 것이다. 다양한 분야의 좋은 인재를 뽑아서 그들의 적성과 잠재능력을 발견하여 적재적소에 배치를 해야 기업의 성장과 발전을 이룰 수 있을 것이다.

TIP 국가 경영에서 인재의 적재적소 배치는 더욱 중요하다. 국가 경영에 참여하는 정치인들은 한 나라의 운명을 결정짓기 때문이다. 인재의 명성에 의존하여 자리를 맡기기보다는 인재의 됨됨이를 고려하여 선발하되 인재의 명성과 능력을 돋보일 수 있도록 자리에 배치하여야 한다. 자기 자신의 이익과 동료들의 자리를 보전하려는 잘못된 인재를 국가의 중요한 자리에 배치하는 것은 고양이에게 생선가게를 맡기는 꼴이 된다.

결국, 이러한 인재는 나라를 흔들리게 하고, 나라의 기강을 무너뜨리게 되는 것을 우리의 역사와 다른 나라의 역사에서 수도 없이 많이 볼 수 있다. 따라서 진정으로 나라를 위해 고민하고 헌신할 제대로 된 역량을 갖춘 적임자를 배치해야 한다. 인재를 적재적소 등용하는 것은 한국의 미래를 결정하는 중요한 일이다.

03 인재에는 귀천이 없다

'인사가 만사'라는 말이 있다. 국가와 사회에 필요한 업무에 적절한 인물을 선발하고 등용하는 길이 막히게 되면 그 국가와 사회는 쇠퇴하기 마련이다.

정조는 즉위하자마자 지금까지 노론 일파의 정국 주도에 대해서 강한 불만을 가지고 있었다. 더욱이 자기 아버지인 사도세자를 죽이고 자신에게도 두 번이나 반란과 암살을 기도했기 때문에 자신만의 인재가 필요했던 것이다. 그러나 당시의 인재 채용은 노론의 영향을 받아 노론에게만 유리하게 되어 있어 왕권의 위축이 불을 보듯 뻔하였다. 따라서 정조는 규장각을 설치하고 자신의 정치적 철학의 뜻을 같이 하는 정약용과 같은 학자들을 대폭 기용하였다.

지금으로 말하면 규장각은 역대 왕들의 글이나 서적을 보관·관리하는 관청으로 왕립도서관이라 할 수 있다.* 원래 군주의 글과 서적을 보관하자는 건의는 세조 때부터 있었지만, 정조대正祖代에 와서야 그것을 실행에 옮긴 것이다. 정조는 규장각을 설립한 후 이곳을 자신의 친위 기관으로 이용하게 된다.

정조는 규장각의 신하들을 고위 관리로 임명하였는데 규장각의 직제로 보면 가장 높은 지위의 책임자는 '제학提學'이었다. 노론에 김종수金鍾秀, 남인에 채제공蔡濟恭을 제학에 임명하여 인재를 고르게 등용하면서 당론을 절충하였다. 정조는 긴밀하게 연락하기 위해서 규장각의 사무실을 왕의 집무실인 창덕궁 인정전에 가까이 두었다.

정조는 이전에는 고위직이나 역할이 큰 벼슬에 임명될 수 없었던 서자 출신인 박제가·유득공·이덕무·서이수 등 뛰어난 인재들을 발탁하여 새로운 개혁 정치의 정책을 입안토록 하였다. 신분 철폐를 통한 평등사상을 실현하려던 정조의 높은 뜻은 역사적으로 큰 평가를 받아야 할 대목이다.

더구나 정조는 직급이 낮은 관리 중에서 선발하여 본래의 직무를 면제하고 연구에 전념하게 하는 초계문신 제도를 운영하였다. 1개월

---

* 규장각 도서들은 현재 서울대학교 안의 규장각으로 이관되어 현재 도서 15만 권, 고문서 7만 점, 목판 1만 7,000여 점, 도합 25만 점이 전해지고 있다.

에 2회의 구술고사와 1회의 필답고사로 성과를 평가하게 하였는데, 정조가 직접 강론에 참여하거나 시험을 보며 채점하기도 하였다.

정조는 초계문신으로 발탁된 정약용 같은 소장학자들에게 중국에서 들어온 서양의 과학사상이나 과학기술에 관한 많은 도서들을 마음껏 읽도록 기회를 제공하여 조선의 문예 부흥과 역사 발전에 매우 중요한 토대를 쌓을 수 있었다.

정약용과 정조는 대부분에서 뜻을 같이했지만 초계문신 제도에 대해서는 의견의 차이가 있었다. 정약용 자신이 초계문신 제도로 등용되었지만, 이미 과거에 합격하여 벼슬을 하고 있는 사람을 지속적으로 시험하고 고과하는 것은 어질고 유능한 사람을 대우하는 게 아니라고 비판했다.

정조의 갑작스러운 죽음 이후 규장각을 통해 양성된 정조의 친위 세력 중 노론老論계의 일부 인사를 제외한 대부분은 정계에서 밀려났고, 규장각은 왕실의 문서를 보관하는 도서관의 기능만 가지게 된다.

정약용은 평소 인재관에 대해 "나에게는 소망하는 바가 있다. 온 나라가 양반이 되게 하는 것이다. 그렇게 하면 온 나라에 양반이 없게 될 것이다."라고 말했다. 조선은 주로 과거제도에 의존하여 인재를 발탁했기 때문에 기회의 균등이 이루어지지 않았다. 당시는 관직을 지향하는 사회로 유교를 공부하는 지식인들의 최대 목표는 관직으로 나가는 것이었다. 그러나 당시에는 정약용 같이 뛰어난 인재도 멸시받을 정도로 선천적인 신분이나 출신지 등으로 인해서 기회는커녕 피해를 받는 사람이 많았다. 예를 들어 양반이 아닌 백성들은 관직에 오를 기회를 주지도 않았으며, 평안도와 함경도, 황해도, 개성, 강화도, 관동과 호남의 절반도 버림을 받았다. 그뿐만 아니라 당시 사회의 중요한 인맥이었던 북인과 남인도 버림을 받았다.

정약용은 짤막한 논문인 〈통색의〉에서 그가 가지고 있는 인재 채용의 가장 일반적인 원칙을 이야기하고 있다. 통색이라는 말은 막힌 것 또는 경색된 것을 뚫는다는 말이다. 다시 말해서 특정 지역 출신 인물들의 등용 길이 막힌 것을 뚫어 그들도 국가에 봉사하는 길에 들어서게 한다는 뜻이다.

정약용은 신분의 차별이나 신분 세습제 등을 반대하고, 평등주의와 능력주의를 주장하였다. 나아가 동서남북의 사색에 구애받지 말고 인재를 등용해야 국가가 평안해진다는 점을 강조하였다.

정약용은 정조에게 올린 〈인재등용책〉에서 "현재의 인재를 육성하는 정책은 인재를 소홀히 하고, 인재를 평가하는 방법은 거칠고, 일이 잘못되면 사람에게 책임을 지우는 경우가 많다."라고 지적하였다.

이 폐단을 극복하기 위한 대안으로 전문성 강화와 개방형 채용제도 도입을 제안했다. 또한, 정약용은 근무연한에 따라 마구잡이로 여기저기 임명하거나 한 사람에게 너무 많은 직책을 주어서도 자신의 능력을 다 펴지 못하기 때문에 안 된다고 하였다.

TIP 칭기즈칸이 세상을 지배할 수 있었던 원동력은 신분의 귀천을 가리지 않고 노예나 심지어는 자신을 죽이려 했던 적장들도 능력이 있으면 천거하여 자신의 장군으로 삼았던 데에 있다.

칭기즈칸은 정규 교육을 받지 못해 글을 읽지도 쓰지도 못하였고, 귀족으로서 성장하지도 않았지만 세상을 정복하였다. 그의 성공 비결은 세계를 정복하기 위하여 자신을 섬길 줄 알고, 자신을 위해 전쟁을 할 줄 알고, 통치를 잘하고, 무기를 만드는 인재들을 많이 두었기 때문이다. 결국, 그들은 자신을 알아주는 주군을 위해서 목숨을 아끼지 않고 충성을 바쳐 몽골이라는 조그만 나라가 유라시아 대륙의 대부분을 정벌할 수 있었다.

정약용도 조선의 발전을 위하여 인재의 능력에 맞는 일을 맡겨야 하고, 적재적소에 사람을 배치해야 한다고 하였다. 현재에도 인재를 선발할 때 좋은 대학을 나온 것도 중요하지만 다양한 선발 방법으로 능력 있는 인재를 찾아야 한다.

04 남을 배려하라

리더는 배려심이 있어야 한다. 리더로서 성공하는 조직을 만들고 싶으면 조직원들을 배려해야 한다. 정약용의 이러한 마음은 목민관으로 관직에 있을 때도 백성을 명령으로써 따르게 하지 않고 배려로 따르게 하였다. 그는 부하와 백성에게 명령이 아닌 배려 정신을 가지고 대했기에 사람들이 정약용을 존경하고, 스승으로 따르는 것이다. 본인은 관리로서 엄한 규율을 지켰지만 그 엄함의 깊은 바닥에는 배려가 있었다. 정약용의 글들을 보면 백성의 속마음까지 이해하고 그 자존심을 건드리지 않는 배려심이 자주 보인다.

정약용은 어려운 환경으로 인해서 다른 사람들의 도움을 받고 싶어 하는 자식들에게 먼저 베풀도록 다음과 같이 훈계하였다.

"남의 은혜를 받으려는 생각을 버리면 절로 마음이 평안하고 기분이 화평스러워져 하늘을 저주한다거나 사람을 원망하는 일이 없어져 버릴 것이다.

오히려 여러 날 밥을 굶고 있는 집이 있으면 쌀이라도 퍼주고, 추워서 떨고 있는 집에는 장작개비라도 나누어 따뜻하게 해주고, 병들어 약을 먹어야 할 사람들에게는 한 푼의 돈이라고 쪼개서 약을 지어 일어날 수 있도록 도와주고, 가난하고 외로운 노인이 있는 집에는 때때로 찾아가 무릎 꿇고 모시어 따뜻하고 공손한 마음으로 공경하여야 하고, 근심 걱정에 싸여 있는 집에 가서는 연민의 눈빛으로 그 고통을 함께 나누면 너희들이 어려울 때 그들은 진심으로 너희들을 도울 것이다."

정약용은 은혜를 베풀지 않으면서 남이 먼저 은혜를 베풀어주기만 바라는 자식들을 보고 마음이 아팠을 것이다. 그래서 위와 같은 말로 먼저 베풀어야 얻을 수 있다는 것을 훈시하였다.

그리고 자식들에게 은혜를 베풀었다고 해서 마음속에 보답 받을 생각은 갖지 말아야 하며, 하물며 어려운 일이 있을 때 다른 사람이 보답해 주지 않더라도 부디 원한을 품지 말아야 한다고 가르치고 있다.

또한, 가벼운 농담일망정 은혜를 모른다는 소리를 입 밖에 내뱉지 말아야 된다. 만약 그러한 말이 한 번이라도 입 밖에 나오게 되면 지난날 쌓아 놓은 공덕은 하루아침에 재가 바람에 날아가듯 사라져 버리고 말 것이라고 하였다.

공자의 충직한 제자로 훗날 노나라 재상이 된 자공子貢이 어느 날 공자에게 물었다.

"정치란 무엇입니까?"

공자가 답변했다.

"백성의 양식이 넉넉하고 국방력이 튼튼하면서 백성이 믿을 수 있도록 해야 잘하는 정치다."

"어쩔 수 없이 세 가지 중에서 하나를 버린다면 맨 먼저 무엇을 버릴까요?" 자공의 물음에 공자는 "군대"라고 했다.

"나머지 두 가지 중에서 어쩔 수 없이 하나를 버린다면 무엇이 먼저입니까?" 다시 자공이 묻자 공자는 "양식"이라고 답했다.

《논어》에 실린 내용이다. 정약용도 《논어 고금주》에서 "백성이 믿어 주지 않으면 나라가 제대로 설 수 없다民不信不立."라는 공자의 가르침대로 정치의 으뜸은 백성의 신뢰이지 부유함이나 국방이 우선일 수는 없다고 말했다. 백성의 신뢰야말로 통치의 기반이라는 것이 성현들과 국가 흥망성쇠의 역사가 한결같이 일깨우는 가르침이다.

정약용은 백성을 배려하는 마음이 바로 조선의 흥망성쇠를 결정하는 중요한 요인이라고 생각하여 배려를 실천하는 삶을 살았다. 정약용이 지은 책들을 보면 하나같이 백성을 배려한다는 내용이 나온다. 배려를 바탕으로 업적이 만들어졌기 때문에 후세에 정약용은 더욱더 존경받게 되었다.

정약용의 배려에는 용서가 함께 있었다. 정약용의 배려에는 자신을 버린 조선 조정과 그를 미워했던 모든 사람들에 대한 용서가 있었다. 그들을 용서하지 않았다면 늘 죽음 같은 유배지에서 좌절로 세월을 보내다 죽었을 것이다. 정약용의 배려에는 끝없는 용서가 기반이 되어 조선과 백성을 변화시키려는 힘이 되었다. 정약용은 참다운 깊은 배려가 살아 있었던 진정한 리더이다.

05 근검勤儉 하라

정약용은 사람은 누구나 본능적으로 편한 삶과 잘살고 싶은 마음을 가지고 있다는 것을 충분히 인정하였다. 그러나 욕심을 얼마나 억제하고 다스리느냐의 여부가 진정으로 존경받는 리더나 인간의 평가 기준이라고 생각하였다. 그래서 정약용은 자신의 마음을 억제하고 통솔하는 마음가짐을 중요한 일로 여겼다.

정약용은 자신을 억제하고 통솔하는 마음가짐을 위해서 근검하는 자세를 가지라고 하였다. 근검 정신은 자신에게 그리고 자식들에게 지나칠 정도로 엄격했다. 항상 검소한 생활을 강조했고, 자신도 평생 근검한 생활을 실천하였다.

정약용은 재물에 대해서 평소 다음과 같은 생각을 가지고 있었다.

"사람들은 부귀 영화를 위하여 재화에 대한 욕심을 가지고 있으며, 재화를 모아 숨겨두려고 한다. 그러나 재화를 비밀리에 숨겨 두는 방법은 남에게 베풀어 버리는 방법보다 더 좋다. 베풀면 도적에게 빼앗길 걱정이 없고, 불이 나서 타버릴 걱정이 없고, 소나 말로 운반하는 수고도 없다. 그리고 재화를 남에게 베풀면 자기가 죽은 후 꽃다운 이름을 천 년 뒤까지 남길 수도 있어 자기 몸에 늘 재화를 지니고 다니는 격이다. 이처럼 재화를 오랫동안 보관하는 방법이 있겠는가?"

이러한 생각을 가지고 있던 정약용은 재물을 모으지 않았다. 그래서 자식들에게 남길 변변한 유산이 없었던 것은 너무나 당연하였다. 정약용은 자신만 근검한 인생을 산 것이 아니라 자주 자식들에게도 근검하기를 강조하였다. 정약용은 재산을 물려주기보다는 근검 정신을 물려주는 것에 대해 자식들이 서운해 하지 않도록 당부하면서 다음과 같은 교훈을 남겼다.

"내가 벼슬하여 너희들에게 물려 줄 밭뙈기 정도도 장만하지 못했으나, 오직 정신적인 부적 두 글자를 마음에 지녀 잘살고 가난을 벗어날 수 있도록 이제 너희들에게 물려주겠다. 너희들은 너무 야박하다고 하지 말라. 한 글자는 근勤이고 또 한 글자는 검儉이다. 이두 글자는 좋은 밭이나 기름진 땅보다도 나은 것이니, 평생 써도 다 닳지 않을 것이다. 너희에게 유산으로 좋은 밭이나 기름진 땅을 남기기보다는 평생 써도 닳지 않는 근검을 남긴다.

근勤은 부지런함으로 오늘 할 일을 내일로 미루지 말며, 아침에 할 일을 저녁때로 미루지 말며, 맑은 날 해야 할 일을 비오는 날까지 끌지 않는 것을 말한다. 집안의 상하 남녀 간에 단 한 사람도 놀고먹는 사람이 없어야 하며, 일하는 중에 노는 시간이 잦아서도 안 된다.

검儉이란 사치하지 않고 꾸밈없이 수수한 것을 말한다. 검소하기 위해서는 의복은 몸을 가리면 되고, 비싸고 얼마 못 입는 고운 옷보다는 값싸고 오래 입을 수 있는 질긴 옷을 입어라. 음식이란 목숨만 이어가면 되고, 아무리 맛있는 고기나 생선이라도 입안으로만 들어가면 이미 오물로 변해 버린다.

모든 것은 마음에서 조정하는 것이므로 아무리 맛없는 음식도 맛있게 생각하면 맛있게 되고, 아무리 맛있는 음식도 맛이 없다고 생각하면 맛이 없게 된다.

근검하는 것은 어려운 생활 처지를 극복하는 방편만이 아니라, 귀하고 부유한 사람과 복이 많은 사람, 선비들의 집안을 다스리고 몸을 유지해 가는 데 있어서도 지혜로운 방법이 된다."

정작 정약용은 청빈을 넘어 매우 가난하게 살았다고 한다. 아내 풍산 홍씨가 끼니를 걱정하였을 정도였는데, 정약용은 〈가난〉이라는 시에서 당시 청빈하다 못해 가난한 삶이 얼마나 힘든 것인지 그의 심정을 표현하고 있다.

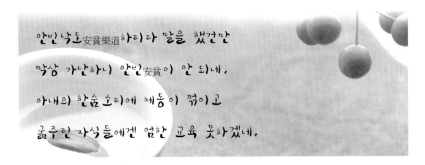

안빈낙도安貧樂道하리라 말을 했건만
막상 가난하니 안빈安貧이 안 되네,
아내의 한숨소리에 체통이 꺾이고
굶주린 자식들에겐 엄한 교육 못하겠네,

정약용은 수령이 생활신조로 받들어야 할 덕목으로 청렴, 절검
節儉 : 절약과 검소, 명예와 재리財利를 탐내지 말 것을 강조했다.

"백성을 사랑하는 근본은 재물을 절약하는 데 있고, 절약하는 근본은 검소한 데 있다. 검소해야 청렴할 수 있고, 청렴해야 백성을 사랑할 수 있기 때문이다. 그러므로 검소하게 사는 것은 목민관이 제일 먼저 힘써야 할 일이다."

나랏일을 하는 관리가 되면 이권과 관련해 많은 유혹이 따르기 마련이다. 청렴하지 않은 관리는 유혹에 빠져 부정부패하기 쉽다. 또 사치와 낭비를 일삼는 관리는 결국 부정한 방법으로 재물을 탐하기 마련이다. 따라서 관리는 절약하고 검소해야 부정의 유혹에 빠지지 않으며 올바른 정책을 펴나갈 수 있다.

정약용은 관리들이 재물, 색(色), 직위에 청렴한 마음을 가질 때 관리 스스로 투명성이 생기고 권위가 생긴다고 했다. 정약용은 청빈하는 삶을 직접 솔선수범하는 삶으로 보여주었다. 마치 너무 모든 것을 풍족하게 사용할 뿐만 아니라 낭비를 생활화하는 우리들에게 준엄한 충고를 남기는 듯하다.

세상이 조금 넉넉해졌다고 재물을 마음대로 낭비하는 요즈음 자신을 억제하고 통솔하는 마음가짐에 대한 정약용의 말씀을 되새기면서 진정한 리더가 되도록 노력해야 한다. 정약용의 이러한 청렴 정신은 오늘날 수많은 공무원들이 부정부패에 연루되어 감옥에 가는 우리의 현실에 비추어 볼 때 한 번쯤 깊게 새겨볼 내용이다.

06 바른길을 가라

정약용은 곡산부사와 경기도 암행어사 등의 관직 생활을 통해 관리들의 부정과 부패를 경험하였으며, 강진의 유배지에서 당대 농민이 처한 처절한 현실을 몸소 체험하고 조선의 개혁을 위해 우선적으로 요구되는 것이 관리들의 올바른 자세와 정치임을 깨닫게 되었다. 그 결과 나온 것이 바로 《목민심서牧民心書》다.

《목민심서》란 '백성을 보살펴 주고, 보호해 주며, 편안하게 돌봐 준다.' 라는 뜻의 '목민' 과 '마음은 있으나 몸소 실행할 수 없기에 마음만 있는 책' 이라는 '심서' 를 합쳐 만든 이름이다. 마치 정약용의 유배 상황에서 목민을 실천할 수 없는 현실처럼 목민할 마음은 있으나 몸소 실행할 수 없기 때문에 '심서' 라 이름하여 자신의 상황을 애달파한 것이다.

임진왜란 이후 군사력 증강에 국력을 기울인 결과 국가 재정이 궁핍해져 사대부들에 대한 급여가 적어졌다. 따라서 관리들은 뇌물을 챙기는 등 부정부패가 더욱 심해졌으며, 관직을 돈으로 사는 매관까지 횡행했다. 돈으로 관직을 산 수령들의 수탈로 백성들의 삶이 도탄에 빠진 시기였다. 또한, 조정에서는 나라를 잘 다스리는 일보다도 당파 싸움에 혈안이 되어 있는 등 나라가 몰락의 길을 걷던 시기였다.

《목민심서》는 정약용 자신의 목민관 경험과 역사서, 사서오경 등 고전에서 백성을 다스리는 일과 관련된 자료를 뽑아 수록하고 해설을 덧붙인 책이다. 이는 정약용 자신의 관리 생활 경험, 그리고 18년 유배 생활 동안의 체험과 당대 농촌 현실에 대한 객관적 분석, 그리고 중국과 조선의 방대한 역사적 자료에 근거하여 저술한 것이다. 지방 수령이 임명을 받는 과정에서부터 부임하여 각 분야의 행정을 담당하는 것, 그리고 임지를 떠나는 과정에 이르기까지 지방 수령이 해야 할 임무와 역할이 매우 세부적이고 구체적으로 담겨 있다. 또한, 각 지방의 수령이 현행법 제도 아래에서 최선을 다하면 실행 가능한 각종 정책들도 폭넓게 제시되어 있다.

《목민심서》에서는 국가가 존립하고 정치가 행해지는 목적은 국민들을 잘살게 하는데 있으며, 국민이 못살게 된다면 국가나 정치는 그 가치를 상실하게 된다고 하였다. 《목민심서》는 과거 공직자들이 갖춰야 할 덕목을 잘 소개해 놓았다. 또한, 지방관리들의 폐해를 제거하고 지방행정을 쇄신하기 위해 지었다. 《목민심서》는 일종의 공무원 복무 지침이라고 할 수 있다.

《목민심서》는 당시 목민관의 생활을 총망라한 것으로 12강綱으로 구분되어 있으며, 이것을 다시 각각 6조씩 세분하여 12강 72조로 구성되어 있다.

1. 부임육조赴任六條	2. 율기육조律己六條	3. 봉공육조奉公六條
4. 애민육조愛民六條	5. 이전육조吏典六條	6. 호전육조戶典六條
7. 예전육조禮典六條	8. 병전육조兵典六條	9. 형전육조刑典六條
10. 공전육조工典六條	11. 진황육조賑荒六條	12. 해관육조解官六條

| 《목민심서》

《목민심서》는 200여 년 전에 기술되었기에 지금의 제도와 비교해서 차이가 있다. 특히 당시에는 관리 대부분을 왕이 임명하였지만, 지금은 선거에 의해 선출되는 관리직이 늘어나서 서로 비교하기가 쉽지 않다. 그러나 관리의 자세나 백성을 다스리는 기준을 적은 지침서로서 오늘날에도 변함없이 많은 것을 배울 수 있다.

정약용은 《목민심서》를 통해서 관리는 모름지기 청렴을 기본으로 삼고, 국민을 섬기는 공직자의 자세를 가져야 한다고 하였다. 베트남의 호찌민은 《목민심서》를 좋아하여 항상 끼고 다녔으며, 《목민심서》에 나오는 백성을 사랑하는 마음과 부정부패하지 않는 관리의 모습을 베트남 관리들도 본받아야 한다고 생각하고 자신 휘하의 장병과 부하들에게 가르쳤다. 그뿐만 아니라 호찌민이 죽을 때 자신의 머리맡에 《목민심서》를 놓아두라는 유언을 남겼다고 한다.

오늘날에는 관리들을 교육할 때 《목민심서》의 내용을 꼭 다루고 있다. 《목민심서》는 200여 년 전에 나온 작품이지만 오늘날 관리들에게도 꼭 필요한 내용이다.

07 솔선수범하라

　정약용은 "부하들을 통솔하는 방법은 위엄과 믿음을 갖추는 것뿐이다. 위엄은 절제 정신에서 생겨나고 믿음은 솔선수범에서 나온다."라고 하였다. 즉 좋은 관리가 되기 위해서는 몸가짐과 마음가짐을 바로 갖는 것이 중요하다는 것이다.

　정약용은 관리의 마음가짐과 몸가짐을 절도 있게 해서 위엄을 갖추어야 백성들이 본을 보고 따라한다고 하면서 관리의 솔선수범을 강조하였다. 위엄이란 사전적 의미로 존경할 만한 위세가 있어 점잖고 엄숙한 태도를 말한다. 엄숙은 아랫사람이나 백성들을 너그럽게 대하는 동시에 원칙을 지키는 것을 통해 자연스럽게 나타난다. 정약용의 이러한 사상은 정조라는 정치적 거목을 통해서 굳어진 결과라 할 수 있다.

정조는 평생 대의大義를 위하여 위엄을 가지고 개혁에 대한 솔선수범을 몸소 실천한 조선의 개혁적인 왕이었다. 정조의 개혁은 조선의 르네상스라고 불릴 만큼 격동적인 것이었다. 정조의 개혁은 여러 학문적 업적과 새로운 학문적 기풍을 마련하는 단초를 마련했다. 또한, 백성을 살피며 생활에 지장을 주지 않으려 노력하는 어버이로서의 왕의 모습을 보여주었다. 그렇지만 정조의 개혁은 노론이라는 거대한 산을 완전히 넘지는 못하였다. 비록 정조 사후에 모든 개혁 정책이 정지되긴 했지만, 조선이 새롭게 변화할 수 있는 기틀을 마련하는 계기가 되었다는 점에서 중요한 역사적 의의를 지닌다고 할 수 있다.

정조의 개혁 정책은 정조 사후에 모두 정지되어 역사의 뒤안길로 사라져 그 의미를 잃어버리고 있었다. 또한, 단순히 왕권 강화를 위한 개혁만으로 이야기되고 있었다. 하지만 우리는 정조의 개혁 정책을 알아보면서 정조의 개혁 정책이 단순히 왕권 강화만을 위한 개혁이 아니었음을 알 수 있다.

정조는 이상을 좇는 군주였다. 나라와 백성을 위하는 군주였고, 불합리에 맞서려 했고, 어떤 벽에 부딪혀도 피하지 않으려 했다. 역사에 만약이란 단어는 없지만 만약 정조가 요절하지 않았다면 조선은 그렇게까지 급격하게 몰락하지 않았을 것이고, 조선 후기의 혼

역경 속에서 학문을 꽃 피운 **정약용 리더십**

란상은 다른 모습으로 나타났을 것이다.

정약용은 정조와 함께 끝까지 조선의 개혁을 이루고 싶었지만, 운명이 용납하지 않았다. 그러나 정조의 삶을 통해서 정약용은 한 국가를 이루는 리더의 고뇌를 보면서 리더가 갖추어야 할 정신을 배웠다.

정약용은 정조를 통해서 모름지기 리더가 되기 위해서는 군림자가 아니라 봉사자가 되어야 함을 배웠다. 봉사자로서 리더가 되기 위해서는 백성들을 위하는 일이라면 어떠한 일이든지 해야 한다고 하였다.

또한, 정약용은 관리의 리더십으로서 솔선수범이 중요하지만 자녀 교육이나 학문함에 있어서도 솔선수범이 중요하다는 것을 강조하였다.

정약용 연대기

연령	연대	경력	국내외 정세
1	1762(영조 38)	음력 6월 16일 경기도 광주군(지금의 남양주시 조안면 능내리)에서 4남 1녀 가운데 4남으로 출생	사도세자 사망
2	1763(영조 39)	완두창을 앓음	
4	1765(영조 41)	천자문을 배우기 시작	
6	1767(영조 43)	아버지가 연천(連川) 현감으로 부임 아버지의 교육을 직접 받음	
7	1768(영조 44)	오언시를 짓기 시작	
9	1770(영조 46)	어머니 43세로 운명	
15	1776(영조 52)	결혼	영조 서거, 정조 즉위, 미국독립선언
16	1777(정조 1)	성호 이익의 유고를 읽고 가르침을 따름 가을에 부친이 전라도 화순현감으로 이사 청주, 전주 등을 유람하면서 시를 지음	
18	1779(정조 3)	성균관에서 매달 유생들에게 보이는 시험인 승보시에 합격	
19	1780(정조 4)	경상도 예천현감으로 있는 아버지를 찾아 뵙고 《반학정기》를 지음. 진주 촉석루를 유람하며 《진주의기사기》를 지음	
21	1782(정조 6)	서울(창동)에 처음으로 집을 사서 거주함	
22	1783(정조 7)	둘째 형 약전과 함께 경의 초시(初試)에 합격하고 회시에서 합격하여 진사가 됨(정조와 처음으로 상면). 성균관에 들어감 장남 학연(學淵) 태어남 《유수종사기》	이승훈이 서교(西教) 관련 책을 가지고 귀국

연령	연대	경 력	국내외 정세
24	1785(정조 9)	정시(庭試) 초시에 수석으로 합격 《우인이덕조만사》, 《추일서희》	
25	1786(정조 10)	별시(別試) 초시에 합격, 둘째 아들 학유(學游)가 태어남, 《감흥이수》	
26	1787(정조 11)	《추일문암산장잡시》	
27	1788(정조 12)	《원진사칠수증내》	남인이 공서파와 신서파로 분리
28	1789(정조 13)	반시에서 수석, 전시에서 수석으로 급제함. 당하문관 중 문학이 뛰어난 자를 뽑아 쓰는 초계문신(抄啓文臣)이 됨 → 부사정(副司正) → 가주서(假注書)가 됨. 12월에 셋째 아들 구장이 태어남. 《희정당 대학강의》, 《문제책》, 《차장호원》, 《송진택신공광하유백두산서》	프랑스 대혁명
29	1790(정조 14)	예문관(藝文館) 검열(檢閱)이 됨. 한림피선(翰林被選) 과정 문제로 해미현(海美縣 : 충남 서산군)으로 정배, 사간원 정언(正言), 사헌부 지평(持平)을 제수받음. 《해미남상국사당기》, 《단양산수기》	
30	1791(정조 15)	3남 사망. 사간원(司諫院) 정언(正言) → 사헌부(司憲府) 지평(持平) 사학도(邪學徒)라 하여 반대파들로부터 규탄받음 《시경강의》, 《재유축석루기》, 《유세검정기》, 《북영벌사기》, 《억여행》	진산사건 (신해사옥)
31	1792(정조 16)	홍문관 수찬(弘文館修撰)에 제수, 부친 사망, 광주에서 여막 생활, 수원 화성을 설계, 거중기와 녹로 고안. 《성설》, 《기중도설》	

연령	연대	경 력	국내외 정세
33	1794(정조 18)	아버지 3년상 마침. 성균관 직강(直講)에 제수 → 비변사랑(備邊司郞)에 임명 → 홍문관 수찬에 제수 → 경기 암행어사 제수 → 홍문관 부교리에 제수. 《7월 7일야》, 《명봉편》, 《영수석절구》, 《박학》, 《봉지염찰도적성촌사작》	
34	1795(정조 19)	사간원 사간, 동부승지(同副承旨), 병조참의(兵曹參議), 우부승지(右副承旨)에 제수 → 주문모 입국 사건으로 충청도 금정(金井−洪州) 찰방(察訪)으로 좌천, 용양위(龍驤衛) 부사로 옮김 《봉곡사술지시서》, 《서암강학기》, 《조룡대기》, 《유오서산기》, 《도산사숙록》, 《기민시》, 《탄빈》, 《취가행》	
35	1796(정조 20)	병조참의, 우부승지를 거쳐 좌부승지가 됨, 수원성 준공. 《양강우어자》, 《신승지광하만사》	
36	1797(정조 21)	승정원 동부승지가 되었으나 사직상소를 올림 황해도 곡산부사(谷山府使)에 제수 《마과회통》, 《변방사동부승지소》	
37	1798(정조 22)	《사기찬주》	
38	1799(정조 23)	황주영위사(黃州迎慰使), 형조참의에 제수 → 넷째 아들 농장이 태어남 《확연폭포가》, 《입갈현동》, 《영남인물고서》	
39	1800(정조 24)	고향에서 저작에 주력, 여유당(與猶堂)이라고 함 《여유당기》, 《만출강고》, 《강변도중작》	정조 사망

연령	연대	경 력	국내외 정세
40	1801(순조 1)	책롱(冊籠) 사건으로 체포되어 하옥됨. 셋째 형 약종 사형, 둘째 형 약전은 신지도로 유배되고, 약용은 경상도 장기로 유배 황사영(黃嗣永) 백서사건으로 다시 투옥, 11월에 둘째 형 약전은 흑산도로, 약용은 강진으로 이배, 마재 본가가 가택수색을 당하고 초고들이 산실됨 《이아술》,《기해방례변》,《백언시》	서교를 범하는 법령 선포 신유사옥으로 권철신, 이승훈 등이 처형됨
41	1802(순조 2)	큰아들 학연이 와서 근친함. 넷째 아들 농장 사망	
42	1803(순조 3)	《단궁잠오》,《조전고》,《애절양》,《사의재기》, 《예전상의광》	
43	1804(순조 4)	《아학편훈의》	
44	1805(순조 5)	《정체전중변》	
46	1807(순조 7)	《예전상구정》,《상례사전》 50권 완성	
47	1808(순조 8)	《제례고정》,《주역심전》,《주역서언》	
48	1809(순조 9)	《예전상복상》	
49	1810(순조 10)	《시경강의보》,《상서고훈》,《매씨서평》, 《가례작의》,《소학주관》	
50	1811(순조 11)	《아방강역고》,《예전상기별》	홍경래의 난
51	1812(순조 12)	《민보의》,《춘추고징》	
52	1813(순조 13)	《논어고금주》	
53	1814(순조 14)	《맹자요의》,《대학공의》,《중용자잠/중용강의보》, 《대동수경》	
54	1815(순조 15)	《심경밀험/소학지언》	

연령	연대	경 력	국내외 정세
55	1816(순조 16)	형 약전이 유형지(흑산도)에서 작고. 《약서고존》	
56	1817(순조 17)	《경세유포》 (미완성)	
57	1818(순조 18)	《목민심서》, 《국조전예고》 이태순의 상소로 유배에서 석방됨. 강진을 떠나 고향 마재 본가에 돌아옴	
58	1819(순조 19)	《흠흠신서》, 《아언각비》	
60	1821(순조 21)	맏형 약현 작고. 《사대고례산보》	
61	1822(순조 22)	《자찬 묘지명》	
62	1823(순조 23)	《산행일기》	
73	1834(순조 34)	《상서고훈》, 《지원록》, 《매씨서평》 개정	
75	1836(헌종 2)	본가에서 병으로 서거. 여유당 뒷동산에 안장	

- 사는 것이 힘들다고 말하지 마라. 나는 글을 하도 많이 써서 복숭아뼈가 세 번이나 보였지만 멈추지 않고 서서 글을 썼다.

- 사는 것이 힘들다고 말하지 마라. 나는 정조대왕의 총애를 받던 조선 최고의 관리에서, 죽음이 엄습해 오는 유배 생활을 18년이나 했다.

- 절망이 있다고 말하지 마라. 나의 동생은 사형을 당했고 형은 흑산도로 유배를 가서 죽었지만 나는 꿈을 이루기 위해 노력했다.

- 되는 일이 없다고 말하지 마라. 나는 많은 지식을 가졌지만 현실적으로 인정해주는 사람이 없어서 글로만 표현해야 했다.

- 할 수 없다고 말하지 마라. 나는 백성들의 억울함을 해결해 주기 위하여 공부를 하여 법의학서인 《흠흠신서》를 지었다.

- 배운 것이 없다고 말하지 마라. 나는 유배지에서 수도 없이 책을 읽으며 공부를 하였고, 530여 권의 책을 썼다.

- 자식이 속을 썩인다고 말하지 마라. 나는 유배지에서 두 아들이 공부를 하지 않고 망가진다는 소식을 듣고 매일 편지를 썼으며, 강진에 데려와 친히 지도하여 올바른 사람으로 키웠다.

- 불행하다고 말하지 마라. 나의 꿈은 컸지만 세상은 나의 꿈을 번번이 받아들여 주지 않았다. 그러나 나는 책으로 꿈을 실현하였다.

● 유형원(1622~1673)

호는 반계磻溪. 진사시에 합격하였으나 벼슬에 뜻이 없어 오로지 학문 연구에만 전념하였다. 국가의 발전은 농업이 중심이어야 한다는 사상을 기본으로 한 토지 개혁론을 주장하였다. 저서로 《반계수록》이 있다.

● 이익(1681~1763)

호는 성호星湖. 유형원柳馨遠의 학문을 계승하여 조선 후기의 실학을 대성했다. 독창성이 풍부했고, 사색과 연구를 거듭했다. 그의 개혁 방안들은 획기적인 변혁을 도모하기보다는 점진적인 개혁을 추구한 것으로 현실에서 실제로 시행될 수 있는 것을 마련하기에 힘을 기울였다. 그의 실학사상은 정약용을 비롯한 후대 실학자들의 사상 형성에 커다란 영향을 끼쳤다. 저서로 《성호사설》, 《곽우록》, 《성호선생문집》 등이 있다.

● 박세당(1629~1703)

호는 서계西溪. 1660년 문과에 장원, 수찬修撰 등을 거쳐 이조·형조판서를 지냈다. 실학자로서 박물학의 학풍을 이룩하였다. 저서로

《사변록思辨錄》과 《사서집주四書集註》가 있다. 주자의 학설을 비방하였다 하여 관직에서 추방되었다.

● 박지원(1737~1805)

조선 후기의 실학자이자 소설가이다. 호는 연암燕巖. 홍대용, 박제가 등과 함께 청나라의 우수한 점을 배워야 한다는 북학파 계열로 상공업을 중요하게 생각하는 중상주의를 주장하였다.

● 박제가(1750~1805)

조선 후기의 정치가, 실학자로 북학파의 거두이다. 호는 초정楚亭, 정유貞蕤, 위항도인葦杭道人이다. 청나라의 선진 문물 수용과 중상주의 경제 정책을 주장했다.

● 홍대용(1731~1783)

호는 담헌湛軒, 홍지洪之. 북학파의 대표적 인물로 천문과 율력에 뛰어나 혼천의를 만들고 지구의 자전설을 제창하였다. 저서에는 《담헌집》, 《주해수용籌解需用》이 있다.

● 허적(1610~1680)

호는 묵재默齋, 휴옹休翁. 남인南人의 우두머리로 권력을 잡았으며,

1678년에 상평통보를 만들어 사용하게 하였다. 뒤에 서자庶子 견堅의 역모 사건에 연루되어 살해되었다.

● 김정호(?~1864)

조선 후기의 지리학자, 호는 고산자古山子. 30여 년 동안 전국 각지를 돌아다니며 실측實測 답사하여 조선의 지도 〈청구선표도〉를 완성하였고, 그 뒤 이를 보완하여 〈대동여지도〉를 제작하고 《대동지지》를 집필하였다.

《흠흠신서》의 내용

《흠흠신서》는 크게 〈경사요의經史要義〉 3권, 〈비상전초批詳雋抄〉 5권, 의율차례擬律差例〉 4권, 〈상형추의詳刑追議〉 15권, 〈전발무사剪跋蕪詞〉 3권으로 구성되어 있다.

〈경사요의〉에는 대명률과 경국대전에 나와 있는 형벌 규정의 기본 원리와 지도 이념이 되는 고전적 유교 경전의 중요 부분이 요약, 논술되었고 115건의 판례를 소개하였다.

〈비상전초〉에는 살인 사건의 문서를 작성하는 방법을 제시하기 위하여 청나라에서 일어난 비슷한 사건에 대한 표본을 선별하여 제시하였다.

〈의율차례〉에는 살인 사건의 유형과 적용 법규 및 형량을 세분화하여 죄의 경중을 나눌 수 있도록 하였으며, 이를 시정하기 위하여 중국의 모범적인 판례를 체계적으로 제시하였다.

〈상형추의〉에는 살인 사건 142건을 골라 살인의 동기, 원인에 따라 22종으로 분류하여 각 판례마다 사건의 내용, 수령의 검안, 관찰사의 제사, 형조의 회계, 국왕의 판부 등을 일목요연하게 정리하였으며 정약용 자신의 의견과 비평을 덧붙였다.

〈전발무사〉에는 정약용이 곡산부사, 형조참의로 재직하거면서 다루었던 사건과 유배지에서 보고 들었던 사건에 대하여 자신의 비평, 해석 및 매장한 시체의 굴검법을 다루고 있다.

역경 속에서 학문을 꽃 피운

정약용 리더십

초판 1쇄 발행	2012년 5월 10일
초판 2쇄 발행	2013년 1월 22일
지은이	전도근
펴낸곳	Book Star
펴낸이	박정태
출판등록	2006. 9. 8. 제 313-2006-000198 호
주소	경기도 파주시 문발동 파주출판문화도시 500-8 광문각 B/D 4F
전화(代)	031)955-8787
팩스	031)955-3730
E-mail	Kwangmk7@hanmail.net

ⓒ 2011, 전도근
ISBN 978-89-97383-01-6   44040
      978-89-966204-7-1   (세트)

정가	12,000원